子どもが主体的に考える！

谷地元直樹 著

明治図書

刊行に寄せて

本書には，算数教育への谷地元先生のねがいや期待，そして算数の授業づくりのための具体的な提案がわかりやすくまとめられています。私が中学校数学科に焦点をあてて出版した『数学科「問題解決の授業」』（明治図書，1997）の小学校算数科・入門書でもあります。

ここ数年，「ICT の活用」や「個別最適な学び」などが強調されていますが，これを行うこと自体が目的になっていることはないでしょうか。「算数教育の目標」を改めて確認し，そこに立ち返って算数授業の在り方を考えていくことが大切だと思います。

日本の算数授業では，「算数教育の目標」を達成するために「問題解決の授業」が広く行われてきました。算数の教科書でも，「問題解決の授業」を意図した算数の学び方が示されています。また，「問題解決の授業」の質の高さは国際的にも評価され，国際学力調査に見られる算数の学力の高さにもつながっていると思われます。

「問題解決の授業」は，教師の説明を聞いて練習を行うだけの授業ではありません。問題や課題に対して，子どもが主体的に取り組むことを大切にする授業です。問題の解決過程を大切にして，一斉授業のなかで互いに考え合いながら「わかった！」「できた！」「考えることは楽しい」という授業場面をたくさんつくっていきたいものです。

このような授業を日常的に行うためには，教師の指導力を高めることが求められます。本書では，指導力を高めたり，教材研究を深めたりするための視点や具体例が数多く紹介されています。

算数を教えている先生方や教師を目指す学生の皆さんが「問題解決の授業」を日常的に行ったり，改善したりするために，本書が活用されることを願っています。

2024年１月

北海道教育大学名誉教授　相馬　一彦

はじめに

学習指導要領が改訂されても，算数科で求められる学びは「子どもが目的意識をもって主体的に考える」ことに変わりはありません。子どもが課題を見いだし，問題解決に向けて自分なりに追究することができるような授業が求められます。そこで教師は，子どもが考えを深めながら問題解決できるように，意図的・計画的に教える必要があります。このような学習指導として代表的なものが本書の「問題解決の授業」になります。

私は中学校の現場経験での20年間，授業で日常的に「問題解決の授業」を実践してきました。また，現在は大学での初等算数科教育法や中等数学科教育法において，教員を目指す学生に「問題解決の授業」について具体的に教えています。さらに，研究会などでは授業改善を目指している先生方と「問題解決の授業」の意義や魅力について話すことが多くあります。

また，小学校算数科では，問題解決に関する書籍や授業の実践例が広く紹介されています。「問題解決の授業」を実践している，しようとしている先生方が数多くいることも知っています。しかしながら，先生方と話を重ねるなかで，次のような不安や誤解の声を耳にすることがありました。

・１つの問題を考えるだけで，学力が身に付くのかどうか不安である。
・時間がかかるので，特別な授業のときにしか行うことができない。
・授業のなかで，教師がどのように関わればよいのかがわからない。

これらの素朴な声から，学習指導としての「問題解決の授業」を初めて行う先生方に伝わるように，そしてわかりやすく説明を加える必要があると感じました。また，これから小学校教員を目指す学生の学びを深めることができるように，「問題解決の授業」の入門編として本書を作成することにしました。

本書は私のこれまでの授業実践や研究をもとにしながら，算数科における

「問題解決の授業」の基本をまとめたものです。25年間の教師生活のなかで培った指導観や数学観などを授業づくりの方法としてまとめ，算数の授業において日常的に「問題解決の授業」を実践することを目指して，具体的な提案をしています。なお，「問題解決の授業」は，相馬一彦先生（北海道教育大学名誉教授）が提唱する学習指導です。相馬（1997）の書籍を参考にしながら，学習指導要領で謳われている算数科で目指す資質・能力を身に付けることができるように，私なりに提案したものになります。

本書では初めて算数の指導を行う小学校教員（若手教員や専科教員など）や小学校教員を目指している学生が「問題解決の授業」を理解できるように，具体例をもとにしながら授業づくりの説明を行います。

本書は次の５つの章から構成されています。Chapter 1 は，「問題解決の授業」をＱ&Ａの形で確認していきます。特に，算数科で求められる「主体的・対話的で深い学び」との関わりを解説します。Chapter 2 は，「問題解決の授業」の指導過程を確認し，主な授業の流れを概観しています。また，「問題」の工夫や「予想」について具体的に説明します。Chapter 3 は，「問題解決の授業」を実現するために，授業の各場面におけるポイントを説明しています。また，学習指導を成功させる工夫を紹介しています。Chapter 4 は，算数の授業でやってしまいがちな学習指導を例示します。それらを NG 指導として，具体例をもとに改善の視点を確認します。Chapter 5 は，授業改善のための教材研究の方法を紹介します。「問題解決の授業」を継続して行うために必要な授業準備や授業記録について補足します。

本書が算数の授業を行う先生方の授業づくりにつながり，小学校教員を目指す学生にとって算数の指導について学ぶきっかけとなり，「問題解決の授業」が日常的に行われるようになれば幸いです。

2024年１月

北海道教育大学教授　谷地元直樹

目　次

Chapter 1 Q&Aでみる算数科「問題解決の授業」

Chapter 2 算数科「問題解決の授業」の基本デザイン

Chapter 3
算数科「問題解決の授業」づくりガイド20

Chapter 4
算数科「問題解決の授業」の NG 指導6

Chapter 5
授業改善のための教材研究5

Chapter

1

Q&A でみる
算数科
「問題解決の授業」

Q1 なぜ算数を学ぶのか？

A 生きていくために必要となる「考える力」を育成するため

算数を通して培われる資質・能力は，どの教科の学習においても必要となる学びに通じます。子どもたちが算数を通して学ぶことは，思考力，判断力，表現力等を育成するだけではなく，これからの社会を生き抜く子どもたちを支えてくれる役割を果たすと考えられます。大げさかもしれませんが，算数抜きで人生を語ることはできないように私は思っています。

その一方で，算数の学習には些かの不安があります。まず１つは，国際学力調査の報告から示されているように，昨今の理数離れや算数・数学の学力低下が際立っていることです。また，我が国の算数・数学に対する意欲は低く，2019年に実施された国際数学・理科教育動向調査（TIMSS）の結果からは，次のような回答が示されています。

○ 算数・数学の勉強は楽しい　　小学校：77％　中学校：56％
○ 算数・数学は得意だ　　小学校：65％　中学校：40％

算数・数学を勉強する楽しさや算数・数学の勉強に対する自信は国際平均を下回っており，好意的に思われていないことが問題視されています。さらに，追い討ちをかけるかのように，中学生に対する質問において，「日常生活に役立つ」は73％，「数学を使うことが含まれる職業につきたい」は23％という回答がされています。つまり，今のまま算数を学んでいくと，中学生になった子どもたちは算数・数学の大切さをわかっているものの，学習に対する自信のなさから職業とするまでは魅力がないと思っていることがわかります。社会を生き抜く子どもたちにとって，算数は重要な教科のひとつではないでしょうか。日本の算数や数学が好意的に捉えられていないことは大きな問題点と考えられます。

算数に対する子どもの捉え方が好意的ではなかったり，算数に自信がなかったりする原因は様々ありそうです。例えば，普段の算数の授業に次のような状況が生じていることが原因となっているかもしれません。

ア.「わからない」「できない」を子どもがはっきり実感してしまう
イ. いくら考えてもわからないのに，考える時間だけが過ぎる
ウ. 教師自身が算数の指導に苦手意識を感じて楽しめていない

楽しさや面白さを子どもが感じるためには，アやイのような思いや経験を減らすことです。算数の特性は，「わかった」「できた」という学びの経験が確かな理解につながるということです。しかし，それが裏返しに捉えられると，苦手意識が高まりやすいものです。たくさんの子どもが活躍する場面を設けながら，「算数で考えることが楽しい」といった感情を沸き起こすことが必要です。

ウについては，算数の授業を通して教師自身も「楽しい」「面白い」という気持ちをもつことが必要です。笑顔で算数を教えることができれば，子どもたちも同じような気持ちで勉強に取り組むことが期待できます。そのためには，算数の魅力を感じられるような授業を子どもたちと一緒につくり上げることです。

算数が苦手な子どもを好きにさせることは容易ではありません。嫌いな食べ物を好きにさせることの難しさと似ています。しかし，算数が目指す目標を達成するために，私たちは「算数の授業は好き」と言ってくれる子どもを育てたいものです。その反対に，「算数は必要ない」「算数は役に立たない」といった思いをもたせないように強く意識したいものです。

Q2 算数の「深い学び」を実現するためには？

A 数学的な見方・考え方をじっくり働かせる場をつくること

算数は考える学問です。知識や技能を確実に習得したり，思考力，判断力，表現力等を身に付けたりするためには，問題にじっくりと向き合って，あれこれと考えを巡らすことが大切ではないでしょうか。

小学校学習指導要領解説算数編（2018，以下，解説書（2018））では，『深い学びの鍵として「見方・考え方」を働かせることが重要になる』と示しています（p.4，下線は筆者）。これは，算数の学習と社会をつなぐものとして，「見方・考え方」を自在に働かせることができるように指導しなければならないことを表しています。

ここで，「働かせ」という言葉に注視すると少し不安と疑問があります。教師が「この見方・考え方でやろう」と与えてしまうと，それは「働かせられている」だけにすぎないと考えられます。子ども側から「働かせたい」「働かせなければならない」といった見方・考え方を引き出すことが重要であり，それが算数の「深い学び」の実現につながると考えます。

○ 驚き，感動 ➡ あ～，おー
○ 共感，同調 ➡ いいね！
○ 葛藤，対立 ➡ うーん
○ 反論，異議 ➡ えー

例えば，授業のなかで「見方・考え方」を働かせている子どもは，右のような反応を示すことがあります。

算数の授業で，子どものこうした声が飛び交うとき，まさしく「深い学び」に入り込もうとしている瞬間と考えられます。ただ，これは入り口にすぎず，本当に深く学ぶことができるかどうかは，教師の指導力に依存するといっても過言ではありません。

「深い学び」を具体的に考えるよりも，発想を変えて「浅い学び」とは何かを考えた方がイメージしやすいと思います。私であれば「浅い学び」は，「つまらない学習」「将来に役に立たない学習」というイメージがあります。具体的には，次のような授業場面を思い浮かべました。

ア．授業がつまらなくて，学んでいることが何に役立つのかわからない
イ．自分なりに考える機会が少なく，周りの発言だけで授業が進む
ウ．重要なことを子どもが見つけることなく，教師が教えてしまう

算数では，単元のはじめで日常生活や社会に関連する事象に迫る学習が多く行われます。しかし，単元の中盤になるにつれてアの状況が生じてしまうことがあります。私も中学校１年生の授業で，「今日の勉強は何に使うのか？」と問われたことがあります。急に数学から各教科や日常生活に学びを広げることは難しいようです。しかし，「深い学び」を意識した授業を繰り返すことで，広い視点から学習や生活に生かしていく態度が期待できます。

イのように，ただ話を聞くだけの授業では，「先生が説明してくれるから黙っている」「周りが動いてくれるから何もしなくていい」といった気持ちになります。算数では常に頭を働かせ，考えを巡らすことが大切です。じっくり考える場面があれば，自分なりに挑戦したくなるものです。45分の授業を終えたとき，「考えすぎて疲れた！」と子どもから言われるくらいに，「深い学び」を実現したいものです。

算数の授業で起こりがちなウにも気を付けるようにしたいです。教師が先回りをして，「これはどう？」「他にはないの？」と問いがちです。本来は，子どもが「これでできそう！」「他にもある！」と発するような授業をつくることです。子どもにうまく問いかけながら，自ら発見することの喜びや感動，算数を学ぶよさに気付かせていきたいものです。

算数の「深い学び」は，数学的な見方・考え方を働かせることで実現できます。見方・考え方をどのように働かせるかが重要なカギとなります。

Q3 主体的・対話的に算数を学ぶためには？

A 子ども自らが課題意識をもち，「深い学び」を実現させること

予測困難な時代のなか，子どもたちに必要とされている力は「生きる力」です。「生きる力」は平成10年改訂の学習指導要領から継続して強調されており，今次改訂においても子どもたちに育むべき力とされています。20年以上経過していますので，若手の先生方であれば「生きる力」の理念のもと算数の授業を受けていたはずです。しかし，指導上うまくいっていないことや足りない部分があったため，目指す学びは改善・修正，そしてより具体化され，学習指導要領の改訂とともに更新されています。

近年では，大学入試や高校入試のあり方が見直され，算数・数学は計算を大事にするだけではなく，そのものの意味を理解することが必要とされるようになりました。算数・数学の意味理解は，AI では十分になすことはできません。そのように考えると，知識や技能の教え込みの授業では，到底太刀打ちができないことがわかります。

「主体的・対話的で深い学び」の実現に向けて，小学校学習指導要領（2018）では，次のように示されています（p.17，下線ア～ウは筆者）。

> 基礎的・基本的な知識及び技能を確実に習得させ[ア]，これらを活用して課題を解決する[イ]ために必要な思考力，判断力，表現力等を育むとともに，主体的に学習に取り組む態度を養い，個性を生かし多様な人々との協働を促す[ウ]教育の充実に努めること。

下線ア～ウは，算数科で実現可能な学びと捉えることができます。アのように知識や技能を確実に習得した子どもであれば，イが示す既習内容をもとに知識や技能を活用しながら思考力，判断力，表現力等を伸ばしていくことができます。また，ウは数学的活動そのものであり，子ども同士が学び合うことは「問題解決の授業」のなかで自然と行われるようになります。

ここで示されている「主体的」とは，「たくさん発表する」「ノートをとっている」「忘れ物をしない」という表面上の取り組みを指すだけではなく，子どもが課題意識をもって問題の解決に取り組み，新たな「問い」を追究する姿が重要になります。同様に，「対話的」の捉え方も確認が必要です。「自信をもたせるためにグループで話をさせる」「内容の確認のためにペア学習をさせる」だけでは不十分です。

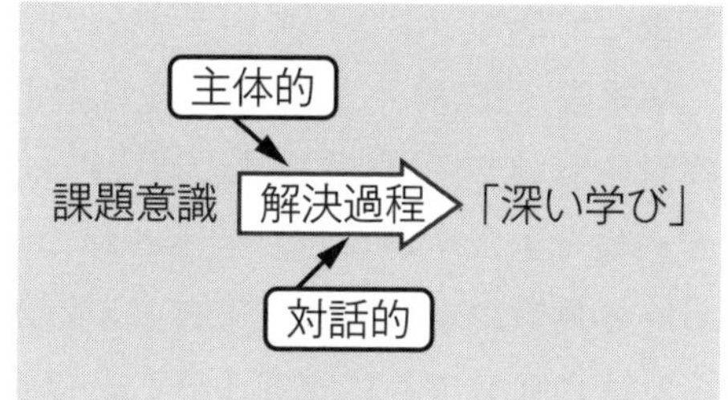

右の図は，子どもが「深い学び」を実現するイメージです。ここでは子どもが課題意識をもって考え続けていく解決過程に学習意欲を高めるきっかけがあったり，話し合うことでお互いを高め合う場面があったりすることで，「深い学び」が実現できるのではないかと考えます。私の失敗談を紹介すると，子どもに「よく考えなさい」「他にあるでしょ」と強要する問いかけをしたことがあります。このように言わざるを得ないのは，次のような原因からです。

- **子どもに「おや？」「どうして？」といった興味や疑問が生じていない。**
- **課題意識を引き出すことができても，「深い学び」まで至らない。**

これらは，結局「授業のつくりがよくない」ことによって生じた原因です。うまくいった授業では，子どもは自ら課題意識をもち，「やってみたい」「考えてみたい」といった思いを膨らませていました。「深い学び」になるかどうかは，子どもの「挑戦したい」といった思いがどれだけあるかによります。

Q4 「問題解決の授業」とはどんな指導なのか？

A 結果だけではなく問題の解決過程を重視する学習指導

現在，算数を指導されている多くの先生方は，「問題解決の授業」を行っていると思います。また，算数の教科書でも「問題解決の授業」を意図した算数の学び方が示されています。

解説書（2018）では，育成を目指す資質・能力の観点からの目標，内容の検討において，「学習指導の過程においては，数学的な問題発見や問題解決の過程を重視すること」と示されています（p.72）。つまり，これから求められる算数の学び方は，子どもがいかに「問い」をもち，「問い」を解決するために自分なりに追究することでしかありません。そうなると，「計算の仕方がわかればよい」「公式を暗記すればできる」といった形式的な理解に留まる学習には絶対になりません。

これまで説明したように，結果だけではなく問題の解決過程を重視した学習指導が「問題解決の授業」です。「問題解決の授業」は，手島（1985）が紹介しています。また，相馬（1997）が具体的に提案している学習指導です。さらに，相馬（1997）を参考に「問題解決の授業」を具体的に説明すると，次のように表すことができます。

> 問題を提示することから授業を始め，その問題の解決過程で新たな知識や技能，数学的な見方や考え方，主体的に学ぶ態度などア を同時に身に付けさせていくイ 学習指導

下線アは，算数科が目指す目標を意味しています。授業で提示された「問題」から焦点化した課題を解決することを通して，算数科で身に付けるべき資質・能力を高めていく指導です。次に下線イは，身に付ける力に順序性はなく，教師の指導のもと問題を解決しながらバランスよく育んでいくことを指します。このように「問題解決の授業」は，問題に対して子どもが主体的・対話的に取り組む場を教師が設定することで，子どもが深く学ぶことができる学習指導といえます。

「問題解決の授業」について先生方と議論をするなかで，次の２点について話題になることがあります。

❶子どもが主体となるのであれば，教師は指導しなくてよいのか？

授業研究用語辞典（1990）では，授業を「教師と児童・生徒が特定の教材について，一定の場所で行う教授・学習活動」と示しています（p.9)。これを踏まえると，授業は教師によって計画された指導となります。よって，子どもに任せておくだけでは，算数に深く入り込むことは到底できません。子どもが中心となって学ぶためには，安心して学習活動を行うことができるように準備をしているのは教師です。教師がファシリテーターの役割を果たすためには，もちろん指導することも必要であることを強調しておきます。

❷先に新たな知識を教えないと，問題は解決できないのか？

算数についての未知のことがらを学ぶには，既習内容をもとに考えを辿ることで解決することができます。教師が先回りをして丁寧に教えてしまえば，問題を解決する過程で「楽しい」「面白い」といった気持ちの高まりは半減します。そして，主体的に考えようとするきっかけもないまま，ただ知識や技能を習得することに終始するかもしれません。

私たちがクイズ番組を視聴しているときに，解説者が答えと理由を先に説明することはありません。答えを言ったとしても，その理由を画面越しに問いかけてくることがあります。それと授業のつくりは似ていると考えます。

Q5 「問題解決の授業」を成功させるポイントは？

A 指導の仕方を理解し，子どもの反応を想定した授業準備を行う

私が指導している学生が教育実習を行うとき，学校現場で「問題解決の授業」を実践することが多くあります。一方で，教育実習を終えた学生からは，教育実習の場で実践しようと思っても，学生同士で行った模擬授業のようにうまくはいかないと話しています。例えば，具体的に次のような悩みです。

・教師側から発問しているが，子どもからは期待する考えが出てこない。
・実践例と同様に授業をしたが，実践例の流れのように展開できない。
・多様な考えを取り上げることはできるが，どう扱えばよいかわからない。

学生がうまく授業できない主な原因は，主に次の２つと考えられます。

❶「問題解決の授業」の理解が浅い

相馬（1997）は，書籍で右のように図示しています（p.20）。これは，「問題」を与えることから授業を行うことによって，学習意欲を高めるとともに，子どもが自分なりに考えるきっかけ（原動力）となることを表しています。問題の解決過程を通して，図のような気持ちが生じ

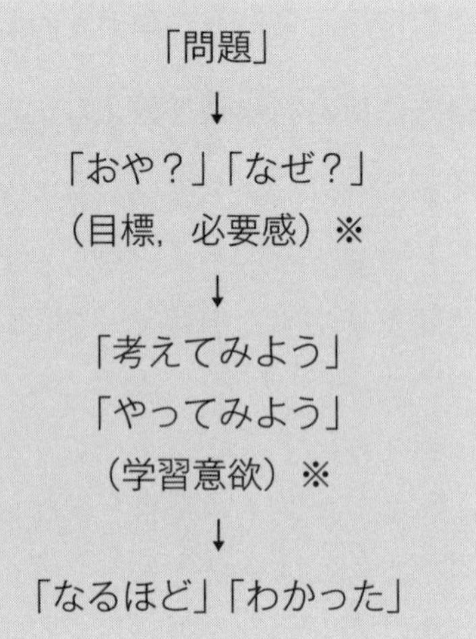

る授業展開を心がけたいものです。

一方で，図内の※で示した目標や必要感をもち，学習意欲を高めることはは簡単ではありません。したがって，教師が「問題解決の授業」とはどんな学習指導なのかを正しく理解することが大切です。

❷「問題解決の授業」を行う準備が足りない

- 単元構成の理解
- 単元に関わる数学の理解
- 単元に関わる教材の解釈
- 教科書の読み込み
- 算数・数学の系統の確認
- 子どもの実態把握
- 掲示物や配付物の用意　など

「問題解決の授業」を成功させるためには，理論と実践を橋渡しするための準備が必要です。教師は授業を行う上で，いろいろな授業準備を行っています。例えば，授業前は右のようにやることが山のようにあります。

私は授業準備のひとつとして，「子どもの反応を想定すること」が大切だと考えています。算数科で「深い学び」を実現するためには，問題の解決過程に軸を置いた授業に転換することが望まれることを説明してきました。子どもが主体となる授業を行うためには，教師が計画した学習活動に対して，次のように子どもの反応を予め想定することが必要です。

- **本時の授業では，子どもはどのような課題を見いだすのか。**
- **教師の発問によって，子どもはどのように答えるのか。**
- **与えた問題に対して，子どもはどのような考えで解決するのか。**

子どもの予想される反応をすべて想定することはできません。しかし，授業計画の段階である程度は想定できるようになると，いざというときに不安になったり，まちがった指導をしたりすることは減ります。その結果，授業展開がより充実したものになると考えられます。

本章では，Q&Aを５つ紹介しました。算数の授業を日々行っていくと，これらの他にも，例えば，次のような疑問が生じることがあります。

Q：算数は他教科よりも得意・不得意に差が生じるのはなぜだろうか
Q：教科書どおりに算数の授業を進めるだけでは何がダメなのか
Q：「問題解決の授業」で本当に算数の学力は身に付くのだろうか

小学校教員となれば，誰しもが算数を指導することになります。また，算数への興味・関心が，「できる」「できない」に左右されやすく，算数の指導に苦労することが多々あると考えられます。

「問題解決の授業」は，日本の小学校で実践されている指導法のひとつです。改めて「問題解決の授業」とはどのような学習指導なのかを確認する必要があります。特に，算数科で求められる「主体的・対話的で深い学び」を実現し，子どもの資質・能力を育むためには，教師側で「問題解決の授業」を正しく理解し，日常的に授業づくりに取り組むことが欠かせません。そのための「問題解決の授業」の基本的な行い方を以下の章で具体的に説明します。

【Chapter 1　引用・参考文献】

・国立教育政策研究所（2021）．TIMSS2019 算数・数学教育／理科教育の国際比較－国際数学・理科教育動向調査の2019年調査報告書－．明石書店.
・文部科学省（2018）．小学校学習指導要領解説（平成29年告示）算数編．日本文教出版.
・文部科学省（2018）．小学校学習指導要領（平成29年告示）．東洋館出版社.
・手島勝朗（1985）．算数科問題解決の授業．明治図書.
・相馬一彦（1997）．数学科「問題解決の授業」．明治図書.
・横山賀薫 編著（1990）．授業研究用語辞典．教育出版.

Chapter 2

算数科
「問題解決の授業」の
基本デザイン

1

「問題解決の授業」とは何か

1　「説明中心の授業」と「問題解決の授業」の違い

「問題解決の授業」の基本的な構成を考えていくために，この節では具体例をもとに「説明中心の授業」と「問題解決の授業」の違いを確認していきます。

５年生の「合同と三角形，四角形」では，四角形の角の大きさの和について学習します。教育出版の教師用指導書（2020）には，本時の指導内容について，「四角形の４つの角の大きさの和が360°であることを，演繹的に考えて見いだすことができる」という目標が設定されています（p.107）。

❶「説明中心の授業」の流れ

【問題】
四角形の４つの角の和には，どんなきまりがあるか考えましょう。

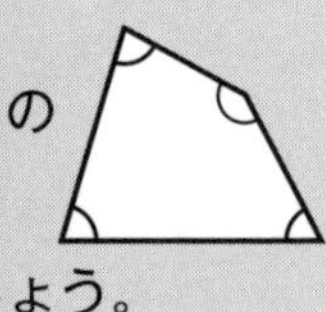

「説明中心の授業」では，例えば右のような問題が提示され，次のⅰ～ⅵのような流れで授業が行われます。

ⅰ　問題の提示

教科書に問題が掲載されている場合は，教科書を開かせて，「角の和を考えよう」と発問する。教科書に問題がないときは，板書したりプリントで配付したりして提示する。

ⅱ　解決方法の説明

角の和を求める方法として，三角形に分ければよいことを確認し，教師から四角形のなかに補助線を引けばよいことを伝える。

iii 自力解決

子どもに問題の答えを求める時間を与える。教師は個々の子どもにアドバイスしながら，解決できるまで待つ。

iv 問題の解決

できた子どもを指名して板書させる。対角線を引くと四角形が２つに分けられることを説明させた後，教師がもう一度，考え方を補足する。もしくは，教師が「360°になる」ことを先に伝えて，そのまま説明を行う。

v まとめ

教科書のまとめを板書し，ノートに書かせる。

vi 練習問題

教科書の練習問題に取り組ませ，答えを確認する。

このような「説明中心の授業」は，多くの先生方が経験したことがあると思います。教科書の流れに沿っていますので，「説明中心の授業」は普通に流れていくように感じます。しかし，子どもの学習活動を読み取っていくと，次のような不安や問題点があるのではないでしょうか。

・「演繹的に考えて見いだす」という本時の目標は達成できているのか。
・子どもが自分できまりを見つけることはできないのではないか。
・作業的な時間が多くなり，考えることに必要感が生じないのではないか。

「きまりを考えましょう」という問題の提示方法は，初めから考えることがらが示されている出題の仕方になっています。

❷「問題解決の授業」の流れ

私が授業をするのであれば，早勢（2017）を参考に（p.17），次のように問題を提示します。また，授業は，次のⅰ～ⅶの流れで進められます。

ⅰ 問題の提示

長方形の紙を見せて，一部を切り落とした四角形を黒板に貼る。「４つの角の和は，どっちが大きいかな？」と問いかけながら，問題文を板書し，ノートに書かせる。

【問題】

長方形をななめに切りました。四角形の４つの角の和と長方形の４つの和はどちらが大きいですか。

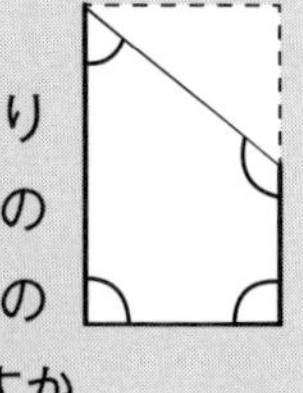

ⅱ 予想

すぐに予想をさせて，どちらかに挙手させる。予想が分かれることが多いので，少しだけ子どもの意見を聞きながら，はっきりさせる方法を問う。

ⅲ 課題の確認

「角度を求めるとよい」ことを子どもから出させ，「４つの角の和を求める方法を考えよう」と課題を板書する。

ⅳ 個人思考

子どもに考える時間を与える。思いつかない場合は，補助線を引く考えを紹介する。黒板に補助線だけを引かせて考える時間を追加する。

ⅴ 課題の解決

ア：２つの三角形に分ける，イ：四角形と三角形に分ける，などの考えをもとに，四角形の角の和が360°になることを理解させる。

ⅵ 問題の解決

問題の答えは「同じで360°である」ことを確認する。また，「他の四角形ではどうなるのか？」と問いかけ，好きな四角形をノートにかかせて，角の和が360°になるかどうかを確かめさせる。

ⅶ まとめ・練習問題

学んだことをノートにかかせて発表させる。最後に教科書でまとめを確認し，練習問題に取り組ませる。

授業の流れを見ると教師が指導していることに変わりはありません。しかし，それ以上に子どもの学習活動に違いがあることに気付くと思います。

2　２つの授業の違いは何か

２つの授業を比較すると，「説明中心の授業」は教師が子どもの先頭に立ち，学習をリードしている印象を受けます。授業の流れを読み取ると，子どもが主体的に考えようとしている学習活動は決して多くはありません。つまり，数学的活動（子どもが目的意識をもって主体的に取り組む活動）が不十分であると考えられます。では，「問題解決の授業」は何が異なるのでしょうか。改めて２つの授業の指導過程を比べてみると，次のような違いがあります。

「説明中心の授業」
ⅰ　問題の提示
ⅱ　解決方法の説明
ⅲ　自力解決
ⅳ　問題の解決
ⅴ　まとめ
ⅵ　練習問題

「問題解決の授業」
ⅰ　問題の提示
ⅱ　予想
ⅲ　課題の確認
ⅳ　個人思考
ⅴ　課題の解決
ⅵ　問題の解決
ⅶ　まとめ・練習問題

どちらの授業も「問題の提示」から授業が始まること，問題を解決した後には「まとめ」や「練習問題」があることに変わりはありません。しかし，「問題解決の授業」には「予想」や「課題」が含まれています。つまり，２つの授業では，問題が提示されて問題が解決されるまでの子どもの課題への取り組み方に違いがあるといえます。

どちらの授業を受けたとしても，子どもは本時の目標である「四角形の４つの角の和は360°である」ことを知識として身に付けることができます。しかし，子どもの「学び方」の質は異なり，さらに次のような違いが生じます。

・「４つの角の和にきまりがある」ことを前提にするのではなく，子どもが問題を考えることを通して，きまりに気付くことができるかどうか。
・教師側から四角形の角の和を求めることを伝えるのではなく，「本当に同じか？」「いつも360°か？」を説明する必要性が子どもに生じるかどうか。
・図形の性質を演繹的に見いだし規則性を明らかにするためには，多様な考え方を取り上げて比較しながら解決する方がよいかどうか。

最初に提示する「問題」や問題の提示方法が違っています。「説明中心の授業」では，一般的な四角形を題材として扱い，きまりを考えることを教師が与えています。一方で，「問題解決の授業」では，特殊な四角形を題材として扱い，もとの図形（長方形）との比較から角の和を求めさせています。また，「問題」の工夫によって，問題自体に興味・関心を示し，どの子どもも「考えてみたい」「やってみたい」といった気持ちになります。その結果，予想や課題が生まれると考えられます。

次に，教師の発問に違いがあります。「説明中心の授業」では，どちらかというと指示・確認が多く，一方向的な発問が多くなりそうです。一方で，「問題解決の授業」では，子どもが考えを述べたり解決方法を選んだりしています。それに伴って，教師の発問は子どもに対する問いかけが自然と増えていきますので，双方向的なやりとりが多くなりそうです。

さらに，角の和を求める考えの取り上げ方も異なります。「問題解決の授業」では，複数の考え方を扱っていますので，子どもは「自分はどれだろうか？」「他はどういうことだろう？」といった考えるきっかけを得ることができます。

２つの授業のどちらがよいかを断定することは難しいことです。しかし，Chapter１のQ&Aで述べたように，２つの授業の違いから「問題解決の授業」の必要性を確認することができます。

「問題解決の授業」は子どもの「深い学び」を実現できる学習指導です。

私の現場経験を振り返ると，新たな知識や技能，見方や考え方を身に付けるために，子どもは「問題解決の授業」を通して，次のように数学を学ぶ態度を変容させていたことを思い返します。

- **既習の知識と関連付けながら，新たな知識や技能を発見しようとする。**
- **新たな知識や技能を確かなものにするために，思考を巡らそうとする。**
- **思考を繰り返すことで学ぶ態度が変容し，さらに深く学ぼうとする。**

これから求められる算数の授業は，こうした「深い学び」が自然発生的に表出することです。そのために，私たち教師は，授業の基本デザインを確かなものにしなければなりません。

さて，算数の問題を解決するなかで，子どもは右に示すような気持ちをもつことが多くあります。例えば，計算のきまりを新たに発見したり，表の規則性に感動したり，複雑な体積の計算ができたりすることで，算数の奥深さや魅力に気付くようになります。

・発見➡きまりを見つけた！
これでもできそうだ
学んだことが使えそう
・感動➡これはすごい！
はじめて知った
・達成➡よくわかった
うまくできた！

数学的に考えることの楽しさは，算数・数学の「よさ」に気付いたときに味わえる感覚です。そうした感覚を実感している子どもであれば，算数の授業のなかで，次のような姿を見せてくれることが期待できます。

- **「なぜ？」「どうして？」「不思議だ」と疑問に思う。**
- **問われていることは何かを整理できる。**
- **使えそうな既習内容は何かを考えられる。**
- **解決するための方法を自分なりに考えられる。**
- **他のやり方はないのかを探そうとする。**
- **相手を納得させる説明をしようとする。**

2 「問題解決の授業」の指導過程

1 算数で行われている主な指導過程

算数で行われている指導過程は，各校の研修や事例集などで例示されています。学校によって展開の示し方に違いはありますが，「導入」「展開」「終末」の３つの段階に分けて構成することが一般的ではないでしょうか。さらに細かく見ると，指導過程には次のようなものが考えられます。

［ア］	［イ］	［ウ］	［エ］
・問題の構成	・問題の理解	・問題把握	・つかむ
・問題の理解	・課題の理解	・課題把握	・見通す
・解決の見通し	・課題の追究	・自力解決	・ためす
・解決の実行	・まとめ	・集団解決	・確かめる
・解決の検討	・振り返り	・まとめ	・まとめる
		・練習	・広げる

上記の指導過程は基本形であり，必ずというわけではありません。段階の名称や表現に違いはありますが，どれも「問題解決の授業」の流れに沿った指導過程と捉えることができます。こうして，問題から課題を見いだし，その課題の解決に向けて主体的に学ぶことのできる指導過程が必要となります。

算数の授業の指導過程は，「polyaの４段階」（G. Polya，柿内賢信訳，1954）に見られる数学的問題解決の過程に影響を受けています。次のⅠ～Ⅳは，４段階とその意味を簡単に示したものになります。

Ⅰ　問題を理解すること

われわれが問題を解くためには，まずそれをよく理解しなければならない。わからない問いには答えようがないからである。

Ⅱ　計画を立てること

何の計画も持たずに，全体像を理解しないまま目の前の細かい仕事にとりかかるのは無意味である。

Ⅲ　計画を実行すること

目の前の問題が解けなかったら，それと似た別の問題を考えてみる。遠回りをしているように見えるが，これは「直接超えるのが難しい障害物を迂回する」という人間のすぐれた知性によるものである。

Ⅳ　ふり返ってみること

結果を調べ直すことは，私たちの知識をいっそう確かなものにし，問題を解く能力を豊かにする。

ここで，ア～エの指導過程をⅠ～Ⅳの４つの段階に位置付けてみると，次のようになります。

Ⅰ　問題を理解すること…問題の理解，問題把握，つかむ
Ⅱ　計画を立てること……解決の見通し，課題の理解，課題把握，見通す
Ⅲ　計画を実行すること…解決の実行，課題の追究，自力解決，ためす
Ⅳ　ふり返ってみること…解決の検討，振り返り，まとめ，確かめる

このように見ると，算数の指導過程はG. Polyaの４段階に対応していることがわかります。これは各校で行われている指導過程が，算数の学び方として適切に位置付いていることを意味しています。上記の４つの段階はどれも大切ですので，指導する教師側が意識しながら授業をつくることができるようにしたいものです。

2　基本としたい「問題解決の授業」の指導過程

「問題解決の授業」は，「問題の解決過程を重視した学習指導」であり，算数の授業における学習指導として位置付けることができます。相馬（1997）を踏まえ具体的に説明すると，次のように表すことができます。

> 問題を提示することから授業を始め，その問題の解決過程で新たな知識や技能，数学的な見方や考え方，主体的に学ぶ態度などを同時に身に付けさせていく学習指導

「問題解決の授業」では，次の指導過程が基本となります。私が指導していた中学校では，おおよそ次のⅠ～Ⅵのような指導過程をもとに日常的に「問題解決の授業」を実践していました。算数においても，「問題解決の授業」の指導過程は変わりありません。

Ⅰ　問題を理解する
Ⅱ　予想する
　→「おや？」「なぜ？」（目標・必要感）
Ⅲ　課題をつかむ
　→「考えてみよう」「やってみよう」（学習意欲）
Ⅳ　課題を解決する
Ⅴ　問題を解決する
　→「なるほど」「わかった」（達成感・充実感）
Ⅵ　練習・定着
　→「やってみよう」「できた」（満足感）

ⅠからⅡは，教師が提示した問題の意味を理解し，問題に取り組もうとする段階です。ここでは，問題の答えを予想することで，疑問を感じたり解決への意欲を高めたりします。

ⅡからⅢは，予想をもとに問題の結果や考え方について見当をつける段階です。ここでは，予想のズレや他者との考えの違いなどから「解決したいこ

とがら」を明確にし，本時の課題として共有します。

ⅣからⅤは，個人思考で考えたことをもとに集団解決を行い，課題を解決することで本時の目標達成に向かう段階です。ここでは問題を解決することで，既習内容を振り返ったり新たに学んだことをまとめたりします。

ⅤからⅥは，本時の学習を振り返り，確認問題や練習問題を通じて確かな理解を図る段階です。ここでは，本時に身に付けたことがらが本当に活用できるかどうかを確かめますので，定着の時間は重要になります。

このⅠ～Ⅵの指導過程は，今の時代に求められている子どもを主体とした授業そのものです。また，指導過程はあくまでも基本形であり，授業の流れを柔軟に捉える必要があります。例えば，Ⅱの「予想する」は必ず取り入れるわけではありません。大切なことは，子どもが課題をつかみ，目的意識をもって主体的に取り組むことができる授業展開をつくり上げることです。なお，子どもの「自力解決」や考えの「比較・検討」は，ⅣやⅤの解決過程のなかで行うのが一般的です。

この指導の流れであれば，「問題」をきっかけに子どもは「なぜ？」といった疑問をもつ授業になります。また，解決を通して「なるほど！」といった気持ちになり，まとめや練習につながる授業になるはずです。なお，「問題が解決できればおしまい」ではなく，基本となる指導過程には意図的にⅥの「練習・定着」を位置付けています。「問題解決の授業」は定着のための練習を大切にします。教科書の「問い」を練習として扱ったり，場合によっては宿題にしたりすることで確かな理解を図るようにします。

「問題解決の授業」を具体的にイメージするために，p.24の「四角形の４つの角の和」の授業例で説明します。次の図は，「問題解決の授業」のⅠ～Ⅵの指導過程に沿って表したものです。吹き出し部分は，各場面で想定される子どもの思考過程を示しています。このような授業の流れを問題の提示から問題の解決までの指導過程で行うことによって，知識及び技能，数学的な見方・考え方，主体的に学ぶ態度をバランスよく養っていくことができます。

Ⅰ 問題を理解する

・長方形の一部を切り取った図を見て考える。

切ったから形が違うなぁ

Ⅱ 予想する

・どちらが大きいかを直観的に予想する。

切ったから小さくなる！
え！他の人は違うのか…

Ⅲ 課題をつかむ

・角の和の大小を比べられる方法を確認する。

角度を求めればいいんだ
長方形はやったはず！

Ⅳ 課題を解決する

・個人思考させる。途中で方法を紹介する。

・360°になることを全体で確認する。

線を引いて分けるのか！
自分とは違う方法もある

Ⅴ 問題を解決する

・どちらも360°になることを確認する。

どんな四角形でも同じだ

Ⅵ 練習・定着

・教科書で定着を図り，次時につなげる。

違う引き方でもできそう
五角形でもできるかな？

3 「問題解決」の捉え方

「問題解決」という言葉を使って説明してきました。実は，日本における「問題解決」の捉え方はひとつではありません。相馬（1983，2017）を参考に歴史的変遷を確認すると，主に次の３つにまとめることができます。

（ｉ）昭和20年代～　生活単元学習としての問題解決
（ⅱ）昭和30年代～　文章題解決学習としての問題解決
（ⅲ）昭和50年代～　学習指導法としての問題解決

（ｉ）は戦後に行われた「問題解決学習」と呼ばれています。これは，子どもの実際の生活場面のなかから題材を選び，算数の学習をするという「生活単元学習」という指導過程をとっていたものです。ここでの問題とは，社会生活における課題が取り上げられており，それを解決するために算数の学習が行われていたことが背景です。本書の「問題解決の授業」は，「生活単元学習」を意味しているものではありません。

（ii）は，「文章題解決学習」と呼ばれています。（i）の生活単元学習で見られた日常生活や社会生活の問題から始まる「問題解決学習」では，書かれた問題（= 文章題）を解決する力が不足したといわれています。学習効果が削減されたことから，算数では書かれた問題である「文章題」から出発する問題解決に焦点をあてたとされています。本書の「問題解決の授業」は，「文章題」の解決に限定することなく，広い意味で捉えるようにしています。

（iii）は，現在，算数の授業で行われている「問題解決の授業」を指します。これは，算数教育の目標を達成するために，問題の解決過程や子どもが主体的に考えながら学ぶことを重視する「学習指導法としての問題解決」です。よって，ここでの「問題」は（i）（ii）と異なり，社会生活の問題や文章題に限定することはありません。

- 問題解決学習
- 問題解決型の授業
- 問題解決的な授業
- 問題解決的な学習

「問題解決の授業」に類似する用語として，右のような用語が用いられていることがあります。「問題解決学習」は（i）を想像することや探究学習（Project Based Learning）の意味を示す場合があります。また，「問題解決的な学習」は，小学校学習指導要領解説社会編（2018）で定義されており，算数とは離れた広い意味合いをもつことから混同しがちです。「問題解決型の授業」となると，指導過程に柔軟さがなくなる印象を受けます。授業は子どもの実態によって変化しますので，型だけで先行すると窮屈な展開になってしまいます。逆に「問題解決的な授業」になると，意味合いが広くなりすぎて何でもよくなってしまいます。このような意味合いから，本書では「問題解決の授業」としています。

3 「問題解決の授業」と数学的活動

1　数学的活動とは何か

算数科の目標を実現するために，数学的活動をすべての授業時間に行うことが強調されています。まずは，「数学的活動」の意味を明らかにする必要があります。小学校学習指導要領解説算数編（1999，2008，2018）を参照すると，数学的活動について次のようにまとめることができます。

[平成11年解説]➡ ・目標の文中に「算数的活動」が追加される
・「児童が目的意識をもって取り組む算数にかかわりのある様々な活動」と規定される
・８つの活動（外的な活動と内的な活動）を例示

[平成20年解説]➡ ・目標の冒頭に「算数的活動を通して」が位置付く
・「児童が目的意識をもって主体的に取り組む算数にかかわりのある様々な活動」と規定される
・各学年において算数的活動が例示される

[平成29年解説]➡ ・目標に「数学的活動を通して」が位置付く
・「事象を数理的に捉えて，算数の問題を見いだし，問題を自立的，協働的に解決する過程を遂行すること」と規定される

平成29年解説によって，数学的活動が算数・数学の学習過程を意味していることがわかります。中学校学習指導要領解説数学編（2018）に，次のよう

な問題発見・解決過程のイメージ図が示され（p.23），数学的活動の２つの過程が明記されていることからも読み取ることができます。これは，数学的活動の一層の充実を目指し，小・中・高等学校で一貫した数学的活動が行われるように意図したものです。

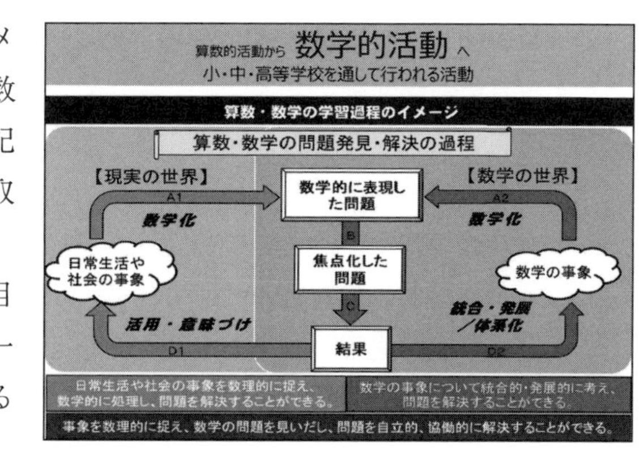

例えば，１年生の「たしざん」の学習であれば，「昨日はどんぐりを８個拾って，今日は４個拾いました。全部で何個になりましたか？」という問題は，子どもの身近な日常の事象から出発しているので「現実の世界」になります。そして，「８＋４の計算の仕方を考えよう」という焦点化した問題に移り変わります。さらには８＋４だけではなく，８＋５などの他のたし算の場面を考えてみようとするときに，今度は右側の「数学の世界」のサイクルを辿ります。こうして両方のサイクルを意識することが必要になります。

一方で，私は，平成20年解説と平成29年解説における数学的活動の基本的なおさえは変わっていないと考えています。それは，算数科が目指しているのは，数学的活動を通して学ぶことであり，子どもが主体的に学習することができ，考える楽しさや新しい知識・技能を発見する喜びを感じるような授業を行うことだからです。なお，算数科で名称を「算数的活動」から「数学的活動」に変更したのは，数学的な見方・考え方を働かせることに焦点をあて，子どもの学習活動を一層充実させることが理由のひとつと考えられます。

数学的活動に取り組む機会を設ける際には，活動としての一連の流れを大切にするとともに，どの活動に焦点をあてて指導するのかを明らかにすることが必要です。例えば，解説書（2018）では，数学的活動一覧に，次のア～エの具体が示されています（p.75）。それぞれの数学的活動に対して，具体的な授業場面を補足します。

ア：身の回りの事象を観察したり，具体物を操作したりして，数量や図形を見いだす活動

イ：日常の事象から算数の問題を見いだして解決し，結果を確かめたり，日常生活等に生かしたりする活動

ウ：算数の学習場面から算数の問題を見いだして解決し，結果を確かめたり，発展的に考察したりする活動

エ：問題解決の過程や結果を，図や式などを用いて数学的に表現し伝え合う活動

アの例としては，１年生「かたちあそび」の学習があげられます。箱を積み上げたり，面を写し取ったりする活動から，図形の特徴に着目させることができます。

イの例としては，５年生「単位量あたりの大きさ」の学習があげられます。人数と面積を取り出し数値化する活動から，混み具合をどう比べるのかといった日常の問題を解決することができます。

ウの例としては，５年生「合同と三角形，四角形」の学習があげられます。三角定規の角の性質を帰納的に考えて解決していく活動から，三角形の内角の和にきまりを見いだしていくことができます。

エの例としては，４年生「面積」の学習があげられます。L字型の面積の求め方を説明したり，図と式を結び付けたりする活動から，図や式，言葉で表現することができます。

これらの例からは，具体的な活動を通して数学的活動に取り組むことで，学習内容の理解を深めたり主体的に学ぶ態度を育てたりできることがわかります。同時に，それを実現するために教師が算数の授業をつくり上げていくことが求められているのです。

以上より，授業のはじめに出会う「問題」をきっかけとして子どもが「問い」をもち，解決への目的意識をもって主体的に考え合うこと（数学的活動）を通して，算数の基礎・基本を確実に身に付けるような学習を展開する

ことが大切になります。

2　「問題解決の授業」と数学的活動の関係

「問題解決の授業」は，数学的活動を通した授業を日常的に行い，「主体的・対話的で深い学び」を実現するための学習指導です。つまり，「問題解決の授業」と数学的活動を一体として捉えることは，ごく自然なことと考えられます。例えば，「問題解決の授業」では，子どもが主体となって取り組む，問題から問いを見いだす，解決に向かって追究する，といった活動が普通に行われます。よって，基本的に算数の授業で大切にされる数学的活動は，「問題解決の授業」の学習指導と同義に捉えることができます。

大久保（2017）は，数学的活動の指導の意義について次のように述べています（p.4，下線は筆者）。下線部は私も大いに共感することができます。算数の授業をこのように捉え，「問題解決の授業」を通して数学的活動が充実させるようにしたいものです。

> 算数・数学の学習では，単にできあがった算数・数学を教えられて表面的・形式的にその内容を知るのではない。算数・数学的な内容について，自ら事象を観察して性質・法則を見つけたり，具体的な操作や実験を試みたりすることによって理解し，創造するなど，活動をとおして学ぶことで数学のおもしろさ，考えることの楽しさを味わえるようにすることが大切である。

解説書（2018）では，「数学的活動の楽しさ」と「数学のよさ」に気付くことを，算数科における態度および情意面に関わる目標に位置付けています。それは，国際教育到達度評価学会（IEA）の TIMSS2019で明らかにされたように，我が国では子どもが「算数は楽しい」「算数は面白い」「算数が得意になる」ような授業をつくり出していくことが継続して課題とされていることにも関係があります。

「数学的活動の楽しさ」に気付くということは，このような算数科における課題に応えるためのものです。子どもは本来，問題の解決に興味をもち，積極的に取り組む姿勢を有しています。また，「数学のよさ」に気付くということは，数学の価値や算数を学習する意義に気付くことであり，学習意欲の喚起や学習内容の深い理解につながります。また，算数に対して好意的な態度が育成されることも期待できます。ここで，具体例をもとに「数学的活動の楽しさ」や「数学のよさ」について確認していきます。

５年生の「合同と三角形，四角形」では，多角形の角の和を見いだす学習が行われます。ここでは，右のように対角線を引くことで，できる三角形の数に着目しながら内角の和を求めることができます。しかし，これだけでは大久保（2017）が示す数学的活動を実現することは遠く，授業を工夫する必要がありそうです。

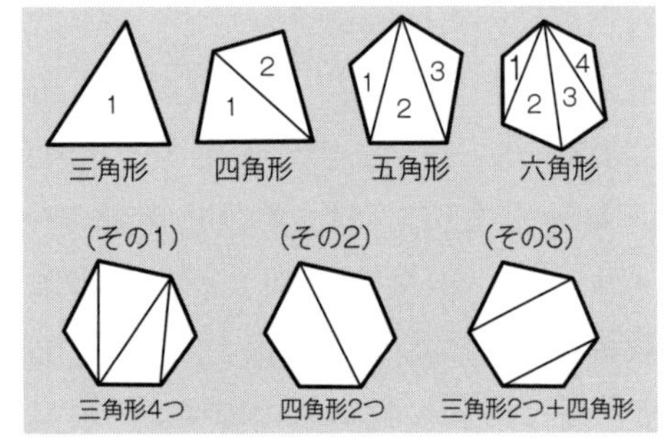

「問題解決の授業」では，子どもがもつ素朴な疑問を生かしながら授業を進めます。そうなると，右上の図のような分け方が出されるのが自然です。すると，自分以外の方法について説明を考える必要が生じます。また，子どもからは「線は１つの頂点から必ず引くの？」「三角形にしないとダメなの？」という声があがります。１つの頂点から対角線を引くことのよさは，様々な対角線の引き方を比較して考える数学的活動のなかから，子ども自身が感得するものと考えられます。

「数学的活動の楽しさ」や「数学のよさ」に気付かせるためには，「問題解決の授業」のなかでそのような状況に出会わせることです。三角形や四角形に分けたりする経験を踏まえると，自然と説明する機会が得られるものです。それぞれの説明について，どのような既習内容を使っているのかを確認しながら論理的に考えること自体が，問題の解決過程を辿る学習になります。

最後に，算数における「主体的・対話的で深い学び」と「数学的活動の充実」，そして「問題解決の授業」の関係をまとめたものが次の図になります。

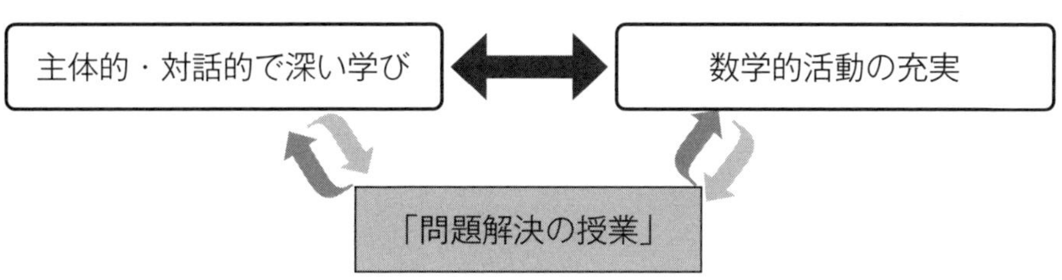

算数における「主体的・対話的で深い学び」は，数学的活動を充実させた子どもの姿と同義と考えることができます。また，それを実現できるのが「問題解決の授業」であることを示しています。すべてに共通することは，「目的意識」「必要感」「学習意欲」です。p.29の「問題解決の授業」の指導過程で示した通り，「問題解決の授業」は教師が「考えなさい」と一方的に命じるのではなく，子どもが見いだした課題の解決に向けて進めていく学習指導であり，今，求められている学びのスタイルといえます。

- 考え合う
- 話し合う
- 教え合う
- 学び合う
- 伝え合う
- 認め合う
- 広げ合う
- 質問し合う
- 説明し合う
- 確認し合う

「主体的」「対話的」は，子どもの学び方に影響を受けると考えられます。一人で考えるだけではなく，他の人と考え合うことで，目的意識や必要感，学習意欲は大きく変わり，数学的活動は充実するでしょう。例えば，算数の授業では，右上のような子どもの姿が想像できるのではないでしょうか。

「問題解決の授業」を日常化することは，算数を学ぶ楽しさに対して，肯定的な回答につながる可能性が高いと考えられます。算数の授業を通して，「考えることが楽しい」という子どもを育てるには，「問題解決の授業」と数学的活動を関連させた指導を継続することを心がけたいものです。

4 「問題解決の授業」における「問題」

「問題解決の授業」を実践する上では，最初に提示する「問題」を検討することが大切です。私が中学校で指導していた頃，うまくいった授業のときは，よい「問題」が提示できたことが影響していました。「問題」に面白い工夫があったり，疑問が生じる仕掛けがあったりすることで，本時の展開が盛り上がり，その度に「問題」を検討することの大切さを実感しました。このような魅力ある「問題」を開発していきたいものです。ここでは，「問題」の役割，「問題」のつくり方や提示方法について説明します。

1 「問題」の役割

❶「問題」と「課題」の違い

「問題」の役割を考える前に，「問題」と「課題」の違いを明らかにする必要があります。それは，「問題解決の授業」を実践する際に，両者の関係を明らかにしておかないと，子どもが何を解決したらよいのかが曖昧になってしまうからです。

Chapter２第１節では，「問題解決の授業」の基本的な指導過程を示し，教師の問題提示から子どもの課題把握までを右のように示しています。

問題を理解する
↓
予想する
↓
課題をつかむ

はじめに提示する「問題」は，教科書の練習問題ではなく，子どもが本時の学習を進めるためのきっかけとして位置付きます。「課題」とは，「問題」から生じた子どもの「問い」を指します。つまり，「課題」を解決しなければ，「問題」の答えがはっきりしないという構造になっています。ここで，具体例を用いて「問題」と「課題」の違いを説明します。

３年生の「わり算」では，「２位数÷１位数」の計算を学びます。本時の目標は，位ごとにわりきれる２位数÷１位数の計算の仕方を説明できるようになることです。「問題」と「課題」は次のようになります。

【問題】➡　69まいのおり紙を，３人で同じ数ずつ分けます。
　　　　　１人分は何まいになりますか。
【課題】➡　69÷３の計算のしかたをせつ明しよう。

この授業での「問題」の役割は，身近な事象から出発して，式「69÷３」を導くことです。前時には「何十÷１位数」しか扱っていませんので，子どもからは「ぴったりじゃない！」「０がない！」といった反応があるはずです。よって本時の「課題」は，「２位数÷１位数」の計算の仕方を説明することになります。「課題」が共有された後は，「10のまとまりをもとに考える」「数を位ごとに分ける」といった数の見方を働かせながら，除法でも位ごとに分けて計算できることを発見していく学習活動が展開されます。

この具体例を踏まえると，「問題」と「課題」の意味を次のようにまとめることができます。

問題 ←考えるきっかけとなる問い　…教師が与える or 子どもとつくる
※教師：「今日の問題は～」

課題 ←疑問や明らかにすべきことがら…子どもがもつ
※子ども：「本当にそうなの？」
「いつでもいえるの？」

前のページから，教師が提示する「問題」から子どもの「課題」が生じることがわかります。

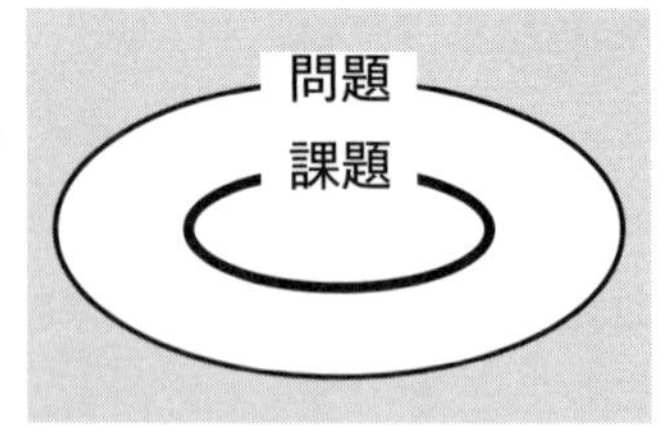

右の図は「問題」と「課題」の関係を表したものです。「課題」は「問題」のなかに含まれていることがわかります。子どもは，「課題」を解決することで，新たな知識及び技能を習得したり，思考力，判断力，表現力等を身に付けたりします。教科書を参照すると，「問題」や「課題」に記号やマークを入れることで，「問題」から「課題」を見いだすように区別した記載があります。

ここで，右上の「問題」と「課題」の図について，先生方から問われることがある疑問点について２つ確認しておきます。

ｉ）「問題」＝「課題」ということはないのか？

授業によっては，最初から「問題」＝「課題」として提示することもあるかもしれません。例えば，５年生の「分数の大きさとたし算，ひき算」では，たし算の後にひき算を扱います。ここでは，たし算を通分で計算したことを踏まえると，右の「課題」を与えてしまうことがあります。しかし，「課題」を示してしまうと，「自分で見つけたい」「解決したい」という目的意識や考える必要性が半減します。

> **【課題】**
> 通分を使って，分数のひき算を計算してみよう。

例えば，右のように「問題」を提示し，子どものなかから「$\frac{1}{3}+\frac{1}{3}$の他もありそう」「ひき算でできそう」「通分じゃないか」といった声を引き出すと，「課題」を共有することができそうです（参考：瀧ヶ平，2017，p.98）。やはり，「課題」の前には，子どもが考えるきっかけとなる「問題」が必要と考えられます。

> **【問題】**
> 分数＋分数をしたら$\frac{2}{3}$になりました。２つの分数は何と何でしょうか。

ii）「課題」➡「問題」ということはないのか？

地域によっては，はじめに教師が与えるものを「課題」，子どもが考えるものを「問題」とする場合があります。言葉の使い方を画一的に限定する必要はありません。「問題解決の授業」における「問題」と「課題」の位置付けを理解していることが重要であり，子どもと意味を共有できていればそれでも構わないと考えます。

算数では，「課題」とせずに「めあて」を使う先生も多くいます。子どもにとっても自然さを考えると，「問題」➡「課題」もしくは「問題」➡「めあて」のように私は感じています。なお，p.35で示した数学的活動の問題発見・解決過程のイメージ図には，「課題」という文言はありません。「問題解決の授業」に当てはめて考えると，「数学的に表現した問題」が「問題」，「焦点化した問題」が「課題」と捉えることができます。

以上から，「問題解決の授業」において，「問題」には「課題」を明らかにするためのきっかけとしての役割があることが確認できました。それは，授業のはじめに「問題」を提示することの意義のひとつともいえます。ただ，「問題」を提示することの意義としては，他にも期待することができます。例えば，杉山（2016）は，「問題」の意義について次の３点をあげています。

(1) 学習内容に興味・関心をもたせる。
(2) 学習内容についてさまざまな見方・考え方を引き出す。
(3) 本時に学習する事柄の意味や意義について目を向けさせる。

(1)は，子どもが目的意識や必要感をもって学ぶことを指すと考えます。また，(2)は，子どもが数学的活動を通して，思考力，判断力，表現力等を身に付けることを意味しています。さらに，(3)は，「算数の楽しさ」や「数学のよさ」に気付き，算数・数学を学ぶことへの魅力を感じている姿と捉えることができると考えられます。

❷「問題」の条件

「問題解決の授業」で提示する「問題」は，それをきっかけとして学習活動を進めていくための役割を担っています。はじめに提示する「問題」は，教科書や問題集にある例題や練習問題，テスト問題とは異なります。

私は，よい「問題」の条件として，次の３点を強調しています。なお，アとイは相馬（1997）によるものです（p.46）。

ア．子どもの学習意欲を引き出すことができる問題
イ．問題の解決過程で新たな指導内容（知識や技能，見方や考え方）を身に付けさせることのできる問題
ウ．数学的活動を充実させることができる問題

「問題」の条件は，指導する先生と学ぶ側の子どもの双方の立場で検討する必要があります。アであれば，「子どもはどう感じるのか」「子どもならどう応えるのか」を想定し，学ぶきっかけをどのように引き出すのかを考えながら「問題」を検討する必要があります。また，イであれば，指導する側として「授業で何を身に付けさせたいのか」を考え，指導目標を実現させる「問題」を設定することになります。また，ウであれば，両方の立場から「数学的活動をどう味わうのか」を指導過程とともに考えながら，それに相応しい「問題」を提示することになります。

私の中学校での実践を振り返ると，これら３つの条件を満たすような「問題」を提示できたときに，「問題解決の授業」がうまくいった覚えがあります。また，３つの条件は互いに関連がありますので，柔軟に捉えながら「問題」を準備することです。次に，ア～ウについて具体例で説明します。

ア．子どもの学習意欲を引き出すことができる問題

「問題」を提示することによって，子どもが考えるきっかけを与えること

ができます。そのためには，「問題」から子どもが「おや？」「なぜ？」といった疑問を引き出すことが求められます。そもそも子どもは，誰しもが知的好奇心や素朴な疑問に満ち溢れています。さらには，「知りたい」「やりたい」といった感情を抱いているはずです。

私が初めて行った旭川市教育研究大会での研究授業（中学校第２学年，平行と合同）では，右の「問題」を扱いました。単純な図形の角度を求める問題ですが，生徒は「どんな補助線でも説明できるのか」「いつでも３つの角をたすと∠xになるのか」に強く関心をもちました。その課題を解決するために，既習内容となる図形の性質を用いてお互いに説明し合ったことが今でも忘れられません。なお，この授業の流れは相馬（2009）に掲載されています。

【問題】

次のブーメラン型の四角形で，∠xの大きさは何度だろうか。

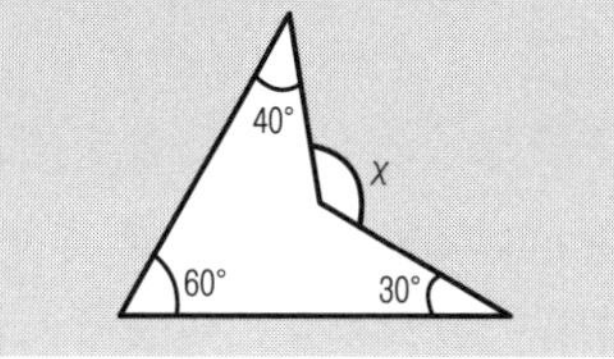

この授業では凹四角形を一般化する場面で，「いつでも成り立つのか？」「角の大きさは変わるのに…」といった知的葛藤が生じます。この気持ちを生じさせることができれば，理由を説明する必要性が一気に高まります。子どもに興味・関心を抱かせることができる「問題」を開発したいものです。

イ．問題の解決過程で新たな指導内容（知識や技能，見方や考え方）を身に付けさせることのできる問題

授業のゴールは学習意欲を引き出すことではなく，本時の目標が達成されるように指導することです。言い換えると，教科書に記載されている「まとめ」の内容を確実に身に付けていかなければなりません。そのような「問題」を提示する必要があります。

例えば，５年生の「単位量あたりの大きさ」では，異種の２量を比較する学習が行われます。例えば，次の「問題」を与えることが考えられます。

【問題】 お店でジュースを買おうとしたら，２つの種類がありました。
どちらが安いですか。
ジュース A➡250mL で150円　　ジュース B➡200mL で100円

解決のなかでは，既習内容である公倍数の考えでは手間がかかることから，「どちらかの数をそろえて比べるとよい」ことに気付き，それが新たな「課題」となっていきます。「どこをそろえると比べられるだろうか？」という「課題」を解決することで，異種の２量を比較する考え方を身に付けることができます。授業の最後にもう一度「問題」に戻ることで，「次からは値段をそろえよう」「今度は量を同じにしよう」といった，よりよい解決の仕方に目を向けることもできそうです。

「問題」から授業が始まり，最後に「問題」に戻って学習を振り返ることによって，子どもは算数の面白さやよさに気付くようになります。このように，解決過程で新たな知識や技能，見方や考え方を身に付けていくような「問題」であることが，「問題解決の授業」では欠かすことができません。

ウ．数学的活動を充実させることができる問題

Chapter２（p.37）では，「問題解決の授業」と数学的活動の関係を説明しました。「問題解決の授業」は数学的活動を通して行われますので，どんな授業でも子どもが主体となる学習活動が展開されます。ただ，それが充実しているかどうかは別問題です。つまり，授業をつくる教師側が意図的に数学的活動を取り入れているかどうか，数学的活動が充実できるような「問題」を与えているかどうかが問われます。

例えば，２年生の「1000より大きい数」では，４位数の大小を判断する学習が行われます。本時の目標は，大きい位から順に同じ位の数を比べればよいことを説明できるようになることです。相馬・早勢（2011）では，次の「問題」が例示されています（p.57）。

【問題】 大きいのは，どちらの数でしょうか。

ア　3862	イ　3■78

この「問題」はオープンな出題形式ですので，答えは１つに定まらず子どもの反応は分かれます。「入れる数によって違うんじゃないかな」「実際に当てはめないとわからない」といった意見が子どもからあがり，自分でいろいろな数を当てはめながら大小判別を行うように授業は流れていきます。

本時では，教科書の練習問題を参考にしていくつかの４位数を提示し，「小さい順に並べよう」といった「問題」を提示することもできます。しかし，それでは数学的活動に目的意識と必要感は生じるかどうかに不安が残ります。やはり，「同じ位を比べなければいけない」といった大小判別の仕方を理解するためには，子どもが説明したくなるような仕掛けを準備する必要があります。ぜひ，「問題」を工夫することで数学的活動を充実させたいものです。

2 「問題」をどうつくるのか

❶「問題」をつくる手順

「問題解決の授業」では，「問題」が学習展開に影響を与えます。よい授業ができるかどうかの５割を「問題」が占めると考えてもよいくらいです。では，そのような「問題」をどのようにつくるとよいかを確認します。

最初に確認したいことは，日常生活から事象を取り上げて「問題」をつくることもできますが，基本は算数のなかで「問題」を適切につくることを強調します。その理由は，普段の授業から特別な問題ではなく，教科書にあるような「数学的な問題」であっても，問題づくりの視点を踏まえることでよい「問題」を提示することができるからです。そのような立ち位置で，「問題」をつくる手順についてまとめていきます。

「問題」をつくる手順について，「問題から授業が始まるから，問題から考えたらよい」といった誤解をもつかもしれません。しかし，「問題」を考える前に，本時の目標を検討すること，その目標を達成するための課題を検討することが最重要です。私の場合，普段の授業では次の①～③の手順で「問題」をつくるようにしました。

授業は，本時の目標を達成することが重要です。例えば，単元指導計画における本時の位置付けや算数・数学の系統を踏まえながら目標を設定することで，子どもの課題が明確になります。その課題を子どもが見いだすことができるような「問題」を検討しなければなりません。

ここで示した「問題」をつくる手順は，学習指導案をつくる上での一部分にすぎませんが，①～③を中心に考えることで，指導する上で必要となる様々な項目を検討することになります。

「問題」をつくるまでの手順を，２年生の「図をつかって考えよう」の加法逆減法の場面で具体的に説明します。前時には，テープ図に表して式を考える授業が行われています。また，本時の学習内容として，教科書には次のように「問題」が提示されています（２年下，p.86，教育出版）。

【問題】

バスに12人のっています。とちゅうで何人かのってきたので，ぜんぶで28人になりました。とちゅうでのってきた人は何人でしょうか。

上で示した①～③の手順に沿って「問題」までを検討すると，次の流れのようになります。

【①本時の目標を決める】

教科書と教師用指導書などをもとにしながら，本時の目標を決定します。

・問題の構造に気付かせたい
・図で表す意欲を高めたい
・式と図で説明させたい

検討結果【本時の目標】

加法逆減法の場面から数量の関係を見つけ，図や式を利用して答えを求めることができる。

この目標を達成するためには，どんな課題にしたらよいか？

【②本時の課題を決める】

前時の活動と本時の目標を踏まえて，課題を決定します。

・加法，減法を両方出したい
・誤答から正しい図をかかせたい
・意見が分かれるようにしたい

検討結果【本時の課題】

テープ図を完成させて，どんな式になるのかを考えよう。

この課題を見いだすためには，どんな問題にしたらよいか？

【③問題をつくる】

子どもから②の課題が引き出されるような「問題」をつくります。教科書の問題を基本としながら，必要に応じて工夫します。

○ 問題文は？　○ 数値は？
・そのままにする（バス）
・28人，12人でよい
・人数は後で求めさせる
○ 提示方法や予想など
・テープ図を先に見せる
・意見が分かれそう

検討結果【問題】

バスに12人のっています。とちゅうで何人かのってきたので，ぜんぶで28人になりました。

このとき，下の図は正しいですか。

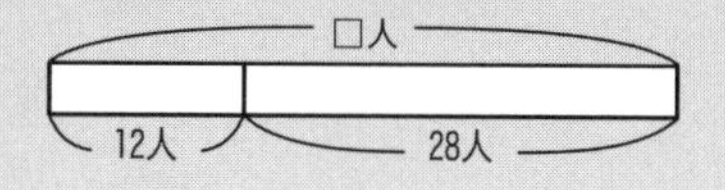

この「問題」であれば，子どもは「何人のってきたのか」を考える前に，表されたテープ図が正しいかどうかを明らかにしなければなりません。つま

り，最初に与えた「問題」と意図した「課題」を区別することができると考えられます。

「問題解決の授業」で「問題」をつくることは，本時の目標につながる「課題」を引き出すための入り口となります。つまり，授業の流れは「問題」➡「課題」の順になりますが，「問題」をつくる上では「課題」➡「問題」とさかのぼる手順を踏んでいくことになります。

❷「問題」をつくる視点

「問題」をつくる手順を整理しました。次に考えることは，どんな視点で「問題」をつくればよいかです。相馬（1997）は，「問題づくりの視点」を５つにまとめています（p.52)。ここでは，算数の問題づくりの基本として，右の３つに焦点をあてて紹介します。なお，この他にも問題をつくる視点がありますが，ア～ウの視点で問題をつくることができれば十分によい問題になりますし，どの子どもも何らかの解決ができるはずです。

ア．理由より答えを先に問う問題
イ．異なる予想が生じるような問題
ウ．いろいろな考え方ができるような問題

３つの視点について問題例を取り上げて説明を加えます。なお，これらの問題は，ひとつの視点だけではなく他の視点にも重なる部分があります。

ア．理由より答えを先に問う問題

授業のはじめに提示する問題で，「～を説明しよう」「～を考えよう」「～を求めよう」と投げかけても，子どものなかに目的意識や必要感はそれほど高まらないと考えられます。それは，「おや？」といった疑問や「なぜ？」といった知的好奇心から引き出される動機付けが不十分であることが原因です。そこで，問題の答えや結果を先に問うような問題を提示することで，子どもに目的意識や必要感をもたせながら，算数の世界で考えることをじっくりと味わわせることが大切です。例えば，６年生の「分数のわり算」では，

「分数÷分数」の計算の仕方を学習します。ここでは，次のような問題が考えられます（参考：相馬・早勢，2011，p.135）。

【問題】 次のア～エで，答えが等しくなるのはどれでしょうか。

ア $\frac{2}{5}\times 2$　　イ $\frac{2}{5}\times\frac{1}{2}$

ウ $\frac{2}{5}\div 2$　　エ $\frac{2}{5}\div\frac{1}{2}$

「わり算の計算の仕方を考えよう」や「$\frac{2}{5}\div\frac{1}{2}$を計算しよう」といった導入でも授業は成立します。しかし，計算の仕方の理由を問うても，子どもが主体的に考える必要性はありません。それに対して，この問題では，既習の計算の仕方を思い返したり直観的に予想したりしながら，自分なりに答えをもつことができます。

子どもは自然とア～ウを計算します。しかし，エの式を計算しようとしたときに「$\frac{1}{2}$で割るってどういうこと？」といった疑問が沸き起こります。そこから「$\frac{2}{5}\div\frac{1}{2}$の計算の仕方を考えよう」ということが課題となり，その理由を考える授業展開になります。問題の答えが先にわかったとしても，「本当に同じになるのか？」「どうやって説明するのか？」といった目的意識や必要感はまったく異なりますし，深く学び続けることが期待できます。

イ．異なる予想が生じるような問題

子どもは他の人との意見が異なるときに，自分の考えが正しいのかどうかを気にします。それは大人も同じで，正しい答えが気になったり，そうなる理由を知りたくなったりするものです。例えば，TV のクイズ番組では，解答者の答えが分かれると，視聴している私たちまで「どっちだろう？」とモヤモヤするくらいです。

先ほどの**ア**のように，問題の答えを先に問うたとき，クラスの意見が分かれた方が「おや？」「なぜ？」という疑問が生じやすくなります。

例えば，5年生の「分数の大きさとたし算，ひき算」では，通分すること

の理解を図る学習が行われます。ここでは，次のような問題が考えられます。

【問題】 3つのコップにジュースが入っています。いちばん多いのはどのコップでしょうか。

ⓐ $\frac{3}{4}$L　　ⓘ $\frac{2}{3}$L　　ⓤ $\frac{2}{4}$L

「問題」を提示して，直観的に予想させると，子どもの予想は分かれます。

異なる予想が生じることで，子どもには「おや？」という疑問が起きるのではないでしょうか。特に，選択肢ⓤが入っていることで，「$\frac{3}{4}$L＞$\frac{2}{4}$L」，「$\frac{2}{3}$L＞$\frac{2}{4}$L」であることは，前時までの学習で明らかになっていますので，「$\frac{3}{4}$L」と「$\frac{2}{3}$L」のどちらが大きいのかをめぐって，子どもは考え始めるようになります。この過程を通して，「分母のちがう分数の大きさを比べる方法を考えよう」ということが課題となり，通分の意味とその方法を理解する授業が進められます。

異なる予想が生じるような「問題」を提示することは，子どもの知的好奇心や葛藤を生み出すチャンスになりますので，そのような「問題」をつくるように工夫したいものです。なお，「予想」については，第７節（p.66）で詳しく取り上げて説明をします。

ウ．いろいろな考え方ができるような問題

算数は，答えは１つになることが多くあります。しかし，答えに至るまでの考え方はいろいろあります。教科書に示されている考え方はその代表的なものであり，子どもの経験や問題の文脈によって，いろいろな考え方を大切にするようにしたいものです。教師が「算数は答えが１つであっても考え方はたくさんある」という姿勢を大切にすることで，子どもは主体的に考えることに挑戦したり，新たに発展させて考えたりします。

例えば，４年生の「面積」では，面積の意味と比べ方，面積の単位を学習します。ここでは，多くの教科書で扱っている周りの長さが等しい長方形と

正方形を比較させた問題が考えられます。

【問題】　右の長方形あと正方形いの広さは，どちらが大きいでしょうか。

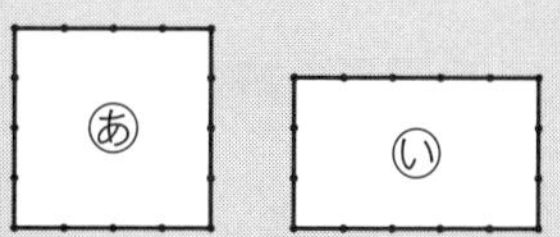

この「問題」は，**ア**（答えを先に問う問題）でもあり，**イ**（異なる予想が生じる問題）でもあります。

子どもから「周りの長さは？」「マス目はあるか？」と問われたときには，実測するなどして数値を確認することで，「どちらが大きいだろうか？」といった追究心が高まります。この授業例では，子どもの意見を聞くなかから，「広さはどうやって比べたらよいか？」といった課題が共有されます。

授業では，いろいろな考え方で解決する子どもの姿が期待できます。例えば，切って重ねてみたり，同じ大きさの何個分かで数えたり，共通の単位を使って表したりする方法です。どの考え方にも「なるほど！」「すごい！」という反応を示しますので，じっくりと比較・検討する授業にしたいものです。

算数では，式をつくることや答えを出すことが重視されがちです。しかし，考え方にも算数の面白さやよさに気付くチャンスが数多く潜んでいます。このことを前提として授業に臨むようにします。また，注意しなければならないのは，「たくさんの考え方を取り上げる」ことを目的にしてはいけないことです。子どもの考え方は，指導目標を達成するために扱うべきです。この指導場面では，２つの考え方があれば十分に比較・検討することができます。子どもの考えの何をどこまで扱うのかは，教師側で十分に吟味・精査しなければなりません。

❸教科書や書籍等を参考に「問題」をつくる

「問題」をつくる手順と問題づくりの視点を説明しました。そこで，実際にどのように「問題」をつくればよいのかを補足します。いろいろな方法があるなかで,「問題」づくりとして次の２点を紹介します。

ｉ）教科書の練習問題を「問題」とする

教科書では，本時の学習内容を定着させることを意図した練習問題が用意されていることが多くあります。例えば，最初に提示する「問題」として練習問題を用いることで，子どもの目的意識や必要感を引き出す授業ができるのではないかと考えます。

例えば，４年生の「がい数」では，和や差を概数で見積もる計算を学習します。教科書では，右の問題が練習問題として例示されています（４年上，p.100，教育出版)。

【練習問題】

下の計算で，答えが約400になるものを選びましょう。

㋐ 132＋124＋273

㋑ 275－183＋322

㋒ 105＋(713－226)

この練習問題を「問題」として提示することができます。ひっ算などを用いて最後まで計算する子どもがいます。他には，概算を用いて計算する子どもがいるはずです。お互いの意見を出し合うなかで，概算を用いた方が答えを求めやすいことに子どもは気付き始めます。そこで,「およその答えは，どうやって計算すればよいのか？」ということが本時の課題になります。

この授業例は，概数で見積もる方法を教えてから練習させることとは逆の流れになっています。また，子どもがいろいろな方法で計算する活動を通して，概算することの便利さを知ることにつながります。このように,「問題」を考える目的意識や必要性がどの程度あるかを吟味しながら，教科書の練習問題を参考にして「問題」をつくることができます。

ii）実践例で紹介されている「問題」を参考にする

「問題解決の授業」に関連する書籍や雑誌，インターネットなどに授業例が掲載されていますので，大いに参考にすることができます。本書でも，相馬・早勢（2011)，早勢（2017）の「問題」を参考にしながら授業例を作成しました。また，紹介されている「問題」をそのまま使用することもできますが，できれば子どもの実態や指導目標に応じて，「問題」をアレンジしたいものです。

例えば，p.48で取り上げた２年生の「図をつかって考えよう」の加法逆減法の授業例は，早勢（2017）で掲載されている次の「問題」をアレンジして紹介したものです（p.65）。

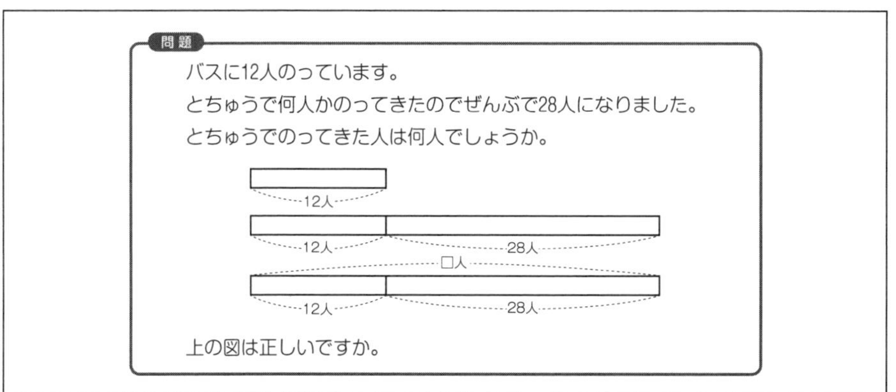

この「問題」では，問題文の流れに沿って３本のテープ図が示されています。しかし，子どもの直観的な予想や誤答を生かした授業展開にしたいと教師側で計画したときに，誤ったテープ図だけを提示する方がよいと考えました。ぜひ，実践例などで紹介されている「問題」をアレンジすることで「よりよい問題」に工夫しながら授業を行いたいものです。

最後に，私が中学校で指導していた頃，いろいろな実践例を比べる度に，どの問題が適しているのか，どんな工夫をしたらよいのかと迷うことがありました。それは決して悪いことではありません。例えば，次のように工夫しながら，どの「問題」がよいかを比べてみることも大切です。

- **過去に指導したときの「問題」と比べて見直すようにする。**
- **同じ学年を担当している先生方と授業の反応などを紹介し合う。**
- **授業参観などで知った「問題」を子どもの実態に応じて修正する。**

5 「問題解決の授業」における「問題」の工夫

1 「決定問題」にする

授業のはじめに提示する「問題」は，その後の授業の流れに影響を与えます。「よい問題」を提示することができれば，本時の課題が明確になり，子どもの主体的な学びが期待できます。

私は，授業のはじめに提示する「問題」には３つの種類があり，「決定問題」「証明問題」「オープンな問題」に分けられると考えています。その理由は，Chapter２第２節（p.28）で説明した通り，G. Polyaが問題を決定問題と証明問題に大別していることによります。さらに，算数では「オープンな問題」も位置付けてよいと考えるようになりました。

「調べましょう」や「考えましょう」などといった問題文では，「課題」との区別がつきにくいです。また，子どもから「おや？」「なぜ？」を引き出すためには，予想をもとに子どもの異なる反応を導き出す方が，「どうして？」といった追究意欲を喚起させることにつながります。そこで，「決定問題」の形で提示すると「課題」を引き出しやすくなると考えます。具体的に相馬・早勢（2011）は，決定問題を次の４つのタイプに分けています。

○「～はいくつか」など（求答タイプ）
○「～はどれか」など（選択タイプ）
○「～は正しいか」など（正誤タイプ）
○「～はどんなことがいえるか」など（発見タイプ）

このようなタイプの決定問題で提示することのよさは複数あります。

1つ目は，**「子ども全員が何らかの形で答えをもつことができる」**ことです。例えば，選択タイプや正誤タイプの決定問題であれば，少なくとも問題の答えを予想し，子どもが自分の立場をもって授業に臨むことができます。そうなれば，「こっちの方が正しい」「自分だったら…」などと，自分事として考えを巡らすようになるものです。

2つ目は，**「子どもの意見に対して教師が問い返すことができる」**ことです。例えば，求答タイプや発見タイプの決定問題で子どもが答えを見つけたとします。すると，他の子どもから違った意見が出てきますので，教師側から「本当にそうなの？」「いつでもいえるの？」と問い返すことで，課題解決に向かわせることができるようになります。

具体的な授業例で「決定問題」を説明します。例えば，5年生の「整数の見方」では，偶数と奇数の性質について学習します。ここでは，次のような「証明問題」「オープンな問題」が考えられます。

【問題（証明問題）】

偶数と奇数の和が奇数になることを説明しましょう。

【問題（オープンな問題）】

次の（　）には，偶数か奇数のどちらが当てはまるかを考えましょう。

（　　　）と（　　　）の和は（　　　）になる。

上に示した証明問題やオープンな問題は，子どもにとってこの説明を考える必要性があまり感じられません。それは，「～を説明しましょう」「～を考えましょう」といった出題の仕方が，子どもの学習意欲を引き出すきっかけには直接的に結び付きにくいからです。それに対して，次のような「決定問題」が考えられます。

【問題（決定問題）】

右のような２つの整数の和には，どのようなきまりがあるでしょうか。

6＋3＝？
1＋0＝？
13＋20＝？

上で示した問題は発見タイプの「決定問題」であり，規則性を見いだすなかから一般的に説明する必要性をもたせることをねらいとして設定しています。この問題を与えると，子どもからは「偶数＋奇数のたし算になっている」「たすと奇数になる」という反応があります。さらには，「他の整数でもいえるの？」「大きな整数でもいいのかな？」といった疑問も生じます。このように，子どもが自分なりの考えをもとにそれを確かめる過程を通して，前のページで示した証明問題が解決すべき課題として浮き上がってきます。

「決定問題」を考えていくことは，自然と解決しなければならない課題につながり，それが証明問題と移り変わっていくものです。「決定問題」の形で問題を提示する方が，問題解決に向けて子どもが主体的に学んでいくことが期待できます。

2　「問題」を工夫する２つの視点

はじめに提示する問題は，授業を盛り上げるきっかけとなります。問題を工夫することによって，子どもの学習意欲を高めたり，新たな知識や技能，見方や考え方などを身に付けたりすることができます。ここでは，具体的にどのように問題を工夫すればよいのかを紹介します。

私は，相馬（1997）が示す次の２つの視点に留意しながら，問題を工夫するように心がけました。以下，具体例を用いながら説明を加えます。

「❶問題の数値を工夫する」　「❷図の向きや大きさを工夫する」

❶問題の数値を工夫する

「問題」の数値が異なるだけで，子どもの予想や出される考え方が変わります。また，それに伴って教師の発問も違ってきますので，数値をよく検討することが大切です。例えば，４年生の「面積」では，複合図形の面積の求め方を学習します。次の図Ａと図ＢはＬ字型の面積を求める図を表していますが，子どもの反応は大きく異なると考えられます。

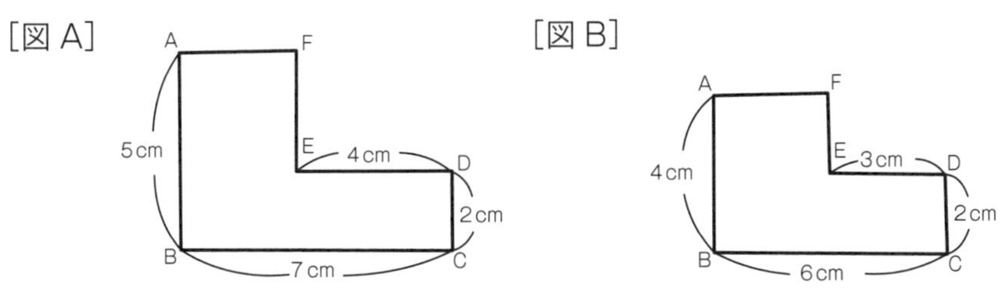

図Ａと図Ｂでは，図の向きや形に違いはほとんどなく，数値が異なるだけです。図Ａでは，図形を長方形に分ける子どもが多くいます。一方で，図Ｂでは，図に線を加えながら考えていくうちに，頂点Ｅがどんな位置にあるのかに気付き始めます。例えば，次のような考えが子どもから出されます。

- **横に切って右につけると，縦が２cm で横が９cm の長方形になる。**
- **縦に切って上につけると，縦が６cm で横が３cm の長方形になる。**
- **同じ図形を２つ組み合わせると，２倍の面積の長方形ができる。**

図Ｂの方が，子どもから多様な考えが出されることが期待できます。図に補助線を引いてわかったことを式に表したり，式の考えを図で説明したりする対話的な学びにつながる授業が展開できるはずです。

このように，問題の数値を工夫するために，問題作成の段階でいろいろな数値を試すことが大切です。また，専科として複数の学級を担当する場合，問題の数値を意図的に変え提示することで，授業展開の違いが実感できます。

❷図の向きや大きさを工夫する

図の向きや大きさを変えると，子どもが着目する図形の性質や考え方に違いが生じることがあります。同じ図を与えるにしても，いくつかの図を比較しながら問題を考えるようにします。例えば，２年生の「１を分けて」では，$\frac{1}{2}$や$\frac{1}{4}$の意味を理解する学習を行います。ここでは，$\frac{1}{2}$を図で表したり，図で表されたものが$\frac{1}{2}$になるかどうかを考えたりすることで，分数の表し方の基礎を学びます。また，教科書では$\frac{1}{2}$を見つけ出すために，次のような練習問題が掲載されています（２年下，p.95，教育出版）。

【練習問題】　色をぬったところが，もとの大きさの$\frac{1}{2}$になっている図をすべてえらびましょう。

ここで検討したいのは，どのような図を与えればよいかです。例えば，次のㄅ～㋓で示した正方形は，どれも$\frac{1}{2}$に色が塗られています。

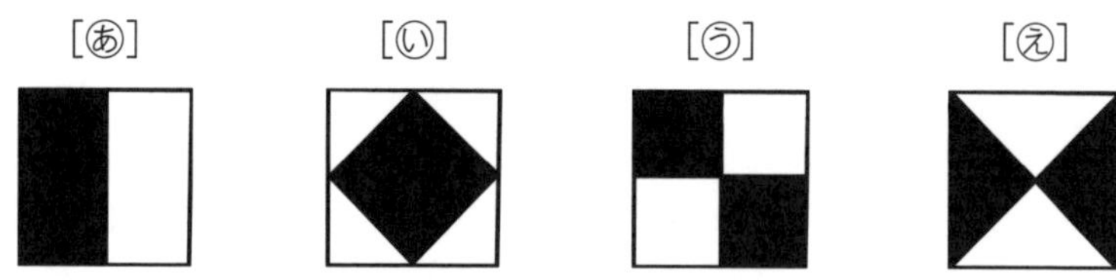

図によって見え方が違っていますので，子どもの意見は分かれます。例えば，㋑は黒色に塗った箇所が大きく見えますし，㋓は向きを変えると見え方が変わります。「どれも$\frac{1}{2}$になるのか調べてみよう」という課題が明らかになり，子どもの問題解決が進んでいきます。また，黒い部分を移動することで㋑～㋓も$\frac{1}{2}$であることが解決されますので，図をもとに子ども同士が説明し合う活動を充実させることができると考えられます。

最後に，問題の工夫とまではいえませんが，「**できるだけ単純な形で問題を提示する**」ことを心がけたいです。問題の理解が伴ってこそ，子どもが考える授業が生まれるものです。例えば，問題文があまりに長すぎると読み取ることに時間がかかったり，ノートに書き写すのに苦労したりするものです。また，子どもの興味や関心を引き出すための目的として，無理に日常事象に絡めたりゲーム的な要素を取り入れたりする必要はありません。

「考えてみたい」「やってみたい」という学習意欲は，図や数値などを見ながら，教師とのやりとりや子ども同士の話し合いを行うなかから沸き立つように工夫します。わかりやすくて具体的な問題を子どもに与え，問題の解決過程を通して算数の面白さやよさをゆっくりと伝えることが重要です。

本書で紹介している「決定問題」は特別な問題ではありません。研究授業で特別に行うのではなく，普段の算数の授業で扱うようにします。これまで述べたように，教科書や実践集，書籍など「問題」をつくる上では大いに参考となるものがあります。後は，それをどのように教師側がアレンジして「問題」を提示するかどうかにかかっています。

この節では「問題」の工夫について説明しました。補足しますが，「よい問題」を提示しても，いつでも授業がうまくいくとは限りません。絶えず子どもの実態に応じて「問題」を検討したり変えたりする必要があります。また，これらの「問題」の工夫を授業に生かすことができるかどうかは，教師側の姿勢にも関わっていると考えられます。例えば，教師自身が，次のような気持ちを大切にすることです。

- 子どもがどんな反応をするのかを楽しみながら授業を考える。
- 「なぜ？」という疑問を子どもと一緒に考えながら授業に臨む。
- いろいろな考え方やまちがった考え方でも認めながら授業を進める。

6 「問題解決の授業」における「問題」の提示方法

私が中学校で指導していた頃，よい問題を考えることができたとしても問題提示の仕方がよくなかったために，生徒が思うように学習を進められないという経験をしたことがありました。「問題解決の授業」を行うためには，問題を考えることと同時に，問題の提示方法を考えていかなければなりません。この節では，主に２つのポイントに絞って説明します。

1　いろいろな提示方法

授業を参観するなかで，「問題は面白いのに，子どもは盛り上がらない」という導入場面を見ることがあります。該当する教科書のページを開かせて，声を揃えて問題を読ませるといった提示方法では，子どもが目的意識をもって主体的に考えることは容易ではありません。

例えば，５年生の「正多角形と円」では，円周の求め方を活用した学習として，次のような問題を提示することがあります。

【問題】　右の図で，ⓐ（赤い線）とⓘ（青い線）の線は，どちらが長いでしょうか。

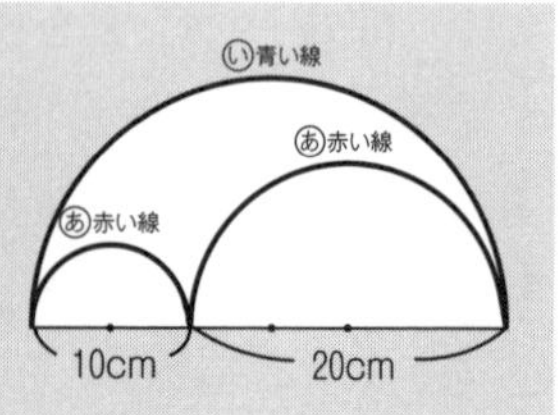

この授業例では，円周の長さの公式を活用して問題を解決することが本時の目標になります。子どもの予想は分かれますし，「等しい」という結果に驚きを感じるようなよい問題です。この問題の場合は，相馬（2017）を参考にすると，次のような提示方法が考えられます。

ア．問題文と図をすべて板書する
イ．問題文だけを板書して図を黒板に貼る
ウ．模造紙や小黒板にかいておいた問題文と図を提示する
エ．プリントにして一人ひとりに配付する
オ．ICT を活用してモニターやタブレットに映す
カ．教科書の同じ問題のページを開いて問題を提示する

上のア〜カの提示方法は，どれも算数の「問題」を提示する際に行うことができます。どの提示方法がよいかは，授業の意図や子どもの実態によって変わるため，よく考えながら選択することが大切です。

この授業例では，比較する㋐と㋑の円周の長さがどの部分なのかをしっかり理解できるような問題提示が必要です。私ならば，ウのように事前に図を用意し，色を付けながら比較する部分がわかるように提示します。もしくは，オのようにICT を活用し，㋐ ➡ ㋑の順で表示します。さらに付け加えると，ア〜カの提示方法を次のように組み合わせて提示することができます。

- **「イ」：問題は板書する ➡ 「エ」：図は全員に配付する**
- **「ウ」：小黒板に書き問題文を提示する ➡ 「オ」：モニターで図を見せる**

算数の授業では，問題提示に時間をかけすぎて，その結果として授業の終盤が駆け足になってしまうことがあります。それよりも，子どもが自分なりに考えたり，みんなで話し合ったりする時間を確保することが大切です。いくらよい問題を提示しても「すべて写さなければならない」「提示の仕方が単調」であれば，ノートに書くことに精一杯となって「考えたい」という気持ちは出てきません。とにかく，問題を的確に把握させることが必要です。

このようにいろいろな提示方法が考えられることを踏まえて，効果的な問題の提示方法を選ぶようにしたいものです。

2　問題文を与えるタイミング

❶「式や図を提示する ➡ 問題文を書く」の順で

「問題解決の授業」では，子どもがどのタイミングで課題意識をもって考えようとするのかを見定めることが大切です。極端な言い方をすると，先に，問題文を板書しているうちに子どもの思考は進んでいきますので，沸き起こる疑問は半減するかもしれません。問題はそのまま順に示すのではなく，「式や図を提示する ➡ 問題文を書く」の順で提示する方が効果的な場合があります。例えば，４年生の「式と計算」では，分配法則が成り立つことを学習します。ここでは，次のような問題を提示するようにします。

【問題】　右のように●と○が並んでいます。全部でいくつあるかを求めるとき，㋐と㋑の式はどちらも正しいですか。

㋐　3×4＋3×5　　　㋑　3×(4＋5)

この問題を提示するとき，問題文を書いてから図，そして式を提示するとします。そうなると，子どもは問題文を読みながら，「大変そう」「式が難しい」といった気持ちになり，学習意欲が高まるようには感じられません。

それに対して，「図を提示する ➡ 式を書く ➡ 問題文を書く」の場合は，図を見せながら問題場面を把握させることができます。子どもの理解の状況が明らかになったところで，「正しい式は㋐と㋑のどっち？」と板書します。あえて問題文はすべて書きません。これによって問題を視覚的に捉えることができ，子どもも予想しやすくなるため，「どうなるんだろう」「考えてみよう」といった目的意識と必要感が引き出されると考えられます。

このように提示順序を工夫することで，子どもの素朴な問いが沸き起こり，

「正しい」「正しくない」といった意見が飛び交うようになります。「問題解決の授業」のきっかけとして，提示方法を積極的に検討したいものです。

❷段階的に問題を提示する

難しい問題場面になると，問題を黒板に貼って読ませたり，パッと図を見せたりするだけでは，子どもの理解が追い付かないことがあります。また，問題文と式を一緒に板書すると子どもは書くことに精一杯になったり，プリントにして配付すると図や式の変化に気付きにくくなったりします。そこで，「問題」を段階的に提示することが工夫のひとつとなります。

p.58で取り上げた「整数の見方」の学習では，「偶数と奇数の性質」の問題を例示しました。私であれば，次のように子どもとやりとりをしながら段階的に問題を提示するように心がけます。

①「問題」の２文字を板書する。
②「６＋３＝」と板書し，子どもに答えを聞いて「９」と板書する。
③「１＋０＝」と板書し，子どもが１と答えたら「１」と板書する。
④「13+20＝」まで板書する。
⑤ ３つ目の式を板書した後に，「どのようなきまりがあるかな？」と口頭で問いかける。
⑥ 問題文を板書し，ノートに問題を書かせる。

このように，問題を段階的に提示する理由は，問題の意味をしっかり理解させたり，問題への「おや？」「なぜ？」といった疑問を引き出したりすることがあげられます。また，教師と学級の子どもたちとでやりとりしながら問題を一緒につくっていくことで，本時の学習において子どもが解決すべき課題が明らかになると考えられます。

7 「問題解決の授業」における「予想」

1　授業における「予想」の位置付けと意義

算数の授業では，「決定問題」の形で問題を提示することで，子どもが問題の結果や考えを予想することがあります。異なる予想に分かれると，子どもの疑問は一気に広がっていくように感じられます。この節では，「予想」の意味とその意義，「予想」の取り入れ方などを説明します。

❶「予想」の位置付けと「予想」の意味

算数教育では，「予想」の他に「見通し」という用語が使われます。それぞれの用語の意味をまとめると次のようになります。

○ 予想…前もって見当をつけること（新明解国語辞典）
　　　ある物事の結果などについてあらかじめ想像すること（広辞苑）
※見当…たぶんこうだろうと判断すること（新明解国語辞典）
○ 見通し…見通すこと（広辞苑，新明解国語辞典）
※見通す…始めから終わりまで目をとおす（広辞苑）
　　　裏に隠されている事柄について予測する（新明解国語辞典）

「予想」は，見込み，推測の意味合いと似ていて，物事の結果についてあらかじめ見当をつけることと解釈できそうです。一方で，「見通し」は，「予想」の意味に加えて何かの考える元があり，中身まで詳しく見るような意味があると考えられます。また，「見通し」は，問題を解決する上での解決の妥当性や方向性を考えていくために必要となる論理的な要素を強くもっているように感じられます。なお，解説書（2018）では，「見通しをもつこと」について，次のように示されています（p.25，下線は筆者）。

> 問題に直面した際，事象を既習事項を基にしながら観察したり試行錯誤したりしながら結果や方法の見通しをもつことになる。

解説書（2018）では，物事について判断したり，推論したりする場合に，「見通し」をもち筋道を立てて考えることの重要性を述べています。

私の解釈では，子どもが「問題」に出会ったときに「最初から見通しをもつ」ことができるようにすることを表しているのではないと考えます。それよりは，問題を解決する過程で，子ども自身が徐々に見通しをもって課題解決に取り組むようになることを指していると受け止められます。

これらを踏まえると，本書で示す「予想」には，「直観的に見当をつける要素や何となくといった感覚的な要素が多い」といった特徴があると考えられます。

相馬（1995）は，算数・数学教育における「予想」を次のように定義しています（p.21）。

『問題の結果や考え方について見当をつけること』

1つの授業で考えた場合，初めて見る「問題」を子どもが論理をもって見通すことはそう簡単ではありません。私たちが問題を解決する場合も，はじめは「何となく…」といったあてずっぽうで答えることが自然です。これまで学んだ算数をもとに直観的に予想したり，自分の日常経験の感覚をもとに直感的に予想したりすることで，算数の学習は自然とスタートすると考えられます。

❷「予想」の意義

相馬（1995）は，「予想」の意義として，右の３点を示しています（p.30）。私もこの３点が「問題解決の授業」において「予想」が必要な理由と捉えています。

- 学習意欲を高める
- 考え方の追究を促す
- 思考の幅を広げる

ｉ）学習意欲を高める

「予想」を取り入れることによって，学習意欲を高めることができます。これは算数教育における予想の大きな意義です。例えば，６年生の「円の面積」では，円の複合図形の面積を求める学習を行います。ここでは，次のような問題を提示し，問題の答えを予想させるようにします。

【問題】 右の図で，色がついた部分と白い部分では，どちらの面積が広いでしょうか。

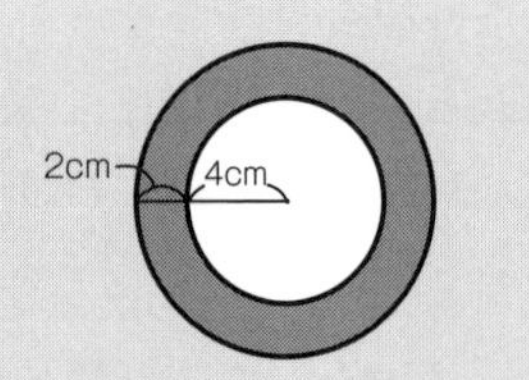

問題に示されている２つの円の面積は視覚的にも微妙な違いですので，子どもから異なる予想が出されます。なかには「同じ」と予想する子どもがいます。「どちらが正しいのか」を追究したいという気持ちが引き出されますので，円の面積を求めて比較する必要性が高まると考えられます。

ⅱ）考え方の追究を促す

予想することによって，それを明らかにしたいという気持ちが生じ，正誤を巡って考えの追究が始まります。このことは，子どものなかで「決定問題」が「証明問題」に変わることを指します。はじめは直観的に予想しただけであっても，他者の考えや様々な意見をきくことで，論理的な根拠をもって納得したいと変わるのは普通のことです。例えば，５年生の「わり算と分数」では，商を分数で表す学習が行われます。ここでは，早勢（2017）を参考に，次の問題で，答えを予想させるようにします（p.105）。

【問題】　１人分のジュースを多く飲めるのは，どちらの場合でしょうか。
A　2Lを５人で等分する　　B　1Lを３人で等分する

子どもの予想は分かれますが，既習内容である小数を使って考えると大小関係の判断はすぐにできるようになります。ただ，商が小数できちんと表せないことが気になり始め，「$2 \div 5 = \frac{2}{5}$なのか？」「$1 \div 3 = \frac{1}{3}$なのか？」という課題に焦点化され，小数と分数を関連付ける学習が進められます。このように，「予想」は子どもの追究意欲を促すきっかけになります。

ⅲ）思考の幅を広げる

子どもから異なる予想が出されたときは，思考の幅が広がるチャンスになります。自分とは異なる他の予想があれば，「どうしてそう思うのか？」と他者の考えが気になるものです。そこから，他の予想についても考えてみようとする主体的な学びが期待できます。例えば，３年生の「三角形」では，二等辺三角形や正三角形の意味を理解する学習が行われます。ここでは，次のような問題を用いて答えを予想させます。

【問題】　次の三角形を２つになか間分けしましょう。

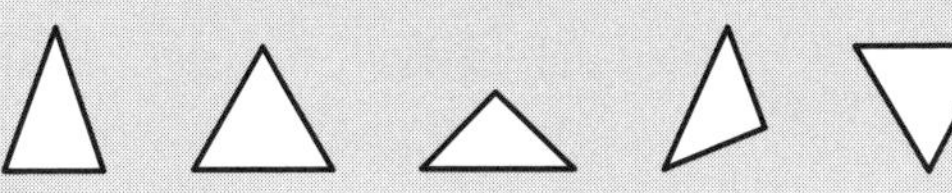

この問題では，子どもの感覚的な答えが期待できますので，複数の予想が出されることが期待できます。自分とは異なる予想に対して，「どうやって分けたのか？」「理由は何だろうか？」と興味や疑問をもち，三角形のどこに目をつけて分ければよいのか考えるきっかけになります。このように，予想の意義を踏まえながら，意図的に予想させるようにしたいものです。

2 「予想」を取り入れた算数の授業

❶「予想」を取り入れた授業の構想

Chapter 2 第2節（p.30）では「問題解決の授業」の指導過程を示し，そのなかで「Ⅱ 予想する」段階を位置付けています。しかし，この指導過程は基本であり，問題や子どもの実態によって柔軟な流れに変えるようにします。

学級のなかには，自分で予想できない子どももいるでしょう。しかし，他の子どもの予想を聞くなかから，「たぶん～だろう」という思いが生じるものです。そこから「なぜ？」「どうして？」といった疑問が引き出されることで，十分に「Ⅲ 課題をつかむ」段階につながります。

授業を構想するための基本的な視点として，「**ⅰ）「予想」で問題と課題をつなぐ**」，「**ⅱ）「予想」を予め教師側で予想する**」の２点に留意します。

ⅰ）「予想」で問題と課題をつなぐ

「予想」は，問題と課題を柔軟に結び付ける役割を果たすものです。問題を見て，いきなり課題を見いだす子どもはなかなかいません。つまり，予想を引き出すような「問題」を考えること，「課題」が引き出されるような予想をさせることが重要です。

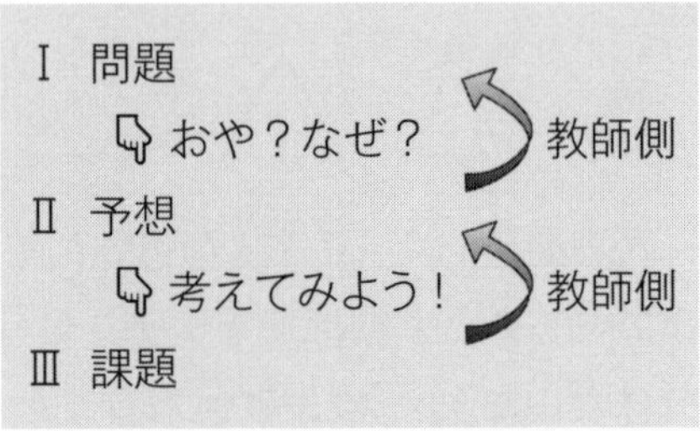

Ⅰ 問題
おや？なぜ？　教師側
Ⅱ 予想
考えてみよう！　教師側
Ⅲ 課題

「問題」と「課題」の位置付けは，第4節（p.40）で説明しました。基本的には右の図のように，授業はⅠからⅢに流れます。一方で，授業を構想する場合は，矢印の逆を辿るように考えます。例えば，p.69で例示した「三角形」の授業であれば，「仲間分けした理由を考えよう」という課題を見いだすためには，「いろいろな予想が出された方がよい」と想定できます。そのためには，多様な考え方ができるような発見タイプの「決定問題」を提示する方がよいと判断することができます。

ⅱ）「予想」を予め教師側で予想する

子どもに予想させることが目的ではなく，子どもの「予想」から「課題」をどのように引き出すかが重要です。そのためには，事前に想定される「予想」を予想しておくことが大切です。

例えば，p.69で取り上げた「三角形」の問題であれば，右のように事前に想定される予想をあげておくようにします。本時の目標である二等辺三角形や正三角形の意味を理解することの他にも，子どもは図形の特徴に着目して考えようとするものです。きっと，教師の発想を超えて思いがけない「予想」をすることがあります。まだ習っていない特徴に目を向けたときには，そのような「予想」に価値付けし，授業のどこかで生かすようにします。

- 同じ辺や角を見つけて分ける
- 底辺の長さが同じかで分ける
- 図形の向きが同じかで分ける

❷「予想」のための「問題」とは

授業では，「予想」のためによい問題をつくることが求められます。基本的に「決定問題」の形で問題を提示することが大前提です。さて，第４節（p.50）では，「問題」をつくる視点を次の３点にまとめました。

ア．理由より答えを先に問う問題
イ．異なる予想が生じるような問題
ウ．いろいろな考え方ができるような問題

この視点に「予想」のための「問題」づくりの視点を，次のように２点（エとオ）を追加し，よい問題をつくるためのポイントを説明します。

エ．誰もが予想できるような問題
オ．途中でさらに予想できるような問題

ｉ）「エ．誰もが予想できるような問題」とは

問題の意味がわからなかったり複雑な問題だったりすると，子どもは予想どころか問題に取り組もうとしません。子どもの予想の仕方は様々です。直観的に予想する，論理的に予想する，帰納的に予想する，類推して予想する，勘で予想する子どももいます。

例えば，３年生の「□を使った式と図」では，わからない数を□として式に表す学習を行います。答えを求める式（36÷３＝□）はできても，場面を表す式（□×３＝36）を先に表す経験はないため，課題を見いだすことが難しい指導場面です。そこで，次のように問題を提示することができます。

【問題】「おもちが□こずつはいったふくろが，３ふくろありました。
おもちの数はぜんぶで36こでした。」
このことを表している正しい式は，どれでしょうか。
ア　３×36＝□　　イ　３×□＝36　　ウ　□×３＝36

どれが正しいかの判断を問う選択タイプの決定問題です。挙手させて予想させると，イとウが多くなります。この予想をもとに「どちらが正しいか？」「その理由は？」といった課題意識が高まると考えられます。難しい問題であればあるほど，直観的な予想は授業を進めるきっかけとなるものです。例えば，アが正しくないことは気付きやすいですので，低位の子どもに発言させることもできます。予想は，みんなが取り組むきっかけになります。

ⅱ)「オ．途中でさらに予想できるような問題」とは

問題に対する子どもの予想は，導入の段階で行われることが一般的です。一方で，展開の段階でも同じように，子どもが解決方法について見当をつけたり，新たな考え方を推測したりすることが起こると考えられます。

私が，現場で実践した授業例を紹介します。中学校第２学年の「確率」では，組み合わせを学習します。ここでは次の問題を提示し，予想することから授業を始めました（６年生「並べ方と組み合わせ」に関連します）。

【問題】 班のメンバーから給食当番を選ぶ。次の①と②で，組み合わせが多いのはどちらだろうか。

① ５人から２人選ぶ　　② ５人から３人選ぶ

直観的に予想させると，②の方に挙手する生徒が多くいました。そこで，組み合わせを求めることを課題とし，表や樹形図を用いて考える時間を与えました。解決するなかで「どちらも同じ」という意外な結果を知ったことで，生徒の追究意欲がさらに増しました。また，授業の後半では，次の問題を追加して提示し，改めて予想させました。

【問題２】 次の①と②で，組み合わせが多いのはどちらだろうか。

① 100人から１人選ぶ　　② 100人から99人選ぶ

人数が多くなったことで，一見難しくなったと思いがちです。しかし，ほとんどの生徒が直観的に「同じ」と答えるようになり，組み合わせの意味理解を促すことにつながった授業になりました。

このように，予想には問題の理解を促したり，問題の解決過程で学んだことを深めたりする役割があります。授業の途中で予想を取り入れることができるような問題であれば，展開の段階の至るところで子ども同士の学び合いが行われることが期待できそうです。

【Chapter 2　引用・参考文献】
・小学算数５　教師用指導書　朱書編（2020）．教育出版．
・早勢裕明（2017）．「主体的・対話的で深い学び」を実現する！算数科「問題解決の授業」ガイドブック．明治図書．
・G．Polya，柿内賢信訳（1954）．いかにして問題をとくか．丸善．
・相馬一彦（1997）．数学科「問題解決の授業」．明治図書．
・相馬一彦（1983）．問題の解決過程を重視する指導．日本数学教育学会誌，65（9）．2－11．
・相馬一彦（2017）．「主体的・対話的で深い学び」を実現する！数学科「問題解決の授業」ガイドブック．明治図書．
・文部科学省（2018）．小学校学習指導要領解説社会編．日本文教出版．
・文部科学省（1999）．小学校学習指導要領解説算数編．東洋館出版．
・文部科学省（2008）．小学校学習指導要領解説算数編．東洋館出版．
・文部科学省（2018）．小学校学習指導要領解説算数編．日本文教出版．
・文部科学省（2018）．中学校学習指導要領解説数学編．日本文教出版．
・大久保和義（2017）．「数学的活動」を大事にした算数授業の展開．小学算数通信 coMpass．2017年秋号．教育出版．
・国際教育到達度評価学会（IEA）の TIMSS2019．
・瀧ヶ平悠史（2017）．14のしかけでつくる「深い学び」の算数授業．東洋館出版．
・杉山佳彦（2016）．算数・数学授業づくりハンドブック．北海道教育大学「数学教育プロジェクト」編著．
・相馬一彦（2009）．中学校数学科　新「問題解決の授業」に生きる「問題」集．明治図書．相馬一彦・佐藤保 編著．
・相馬一彦・早勢裕明（2011）．算数科「問題解決の授業」に生きる「問題」集．明治図書．
・相馬一彦（1995）．「予想」を取り入れた数学授業の改善．明治図書．
・小学算数２下，小学算数４上．令和６年度版．教育出版．
・新村出 編者（2022）．広辞苑第７版第５刷．岩波書店．
・山田忠雄他 編者（2016）．新明解国語辞典第７版．三省堂．

Chapter 3

算数科
「問題解決の授業」づくり
ガイド20

1 本時の目標の検討

授業では，本時の目標を達成させることが重要です。いくら子どもが算数を楽しく学んでいても，目標達成が実現できていなければ「よい授業」とはいえません。そこで，次の２点に留意しながら本時の目標を検討します。

❶本時の目標を具体的かつ簡潔にかく

本時の目標が曖昧だったり，あまりにも子どもの実態からかけ離れたりしていると，子どもの学習活動にブレが生じます。また，教師側でも何を指導したらよいか迷ってしまうものです。そこで，本時の目標は具体的にかくこと，そして簡潔にかくようにします。

私は，次の２つを意識しながら，本時の目標を考えるようにしています。

❶「理解させたいこと」や「考えさせたいこと」，「態度として身に付けさせたいこと」などを簡潔に示す
❷ 子どもの行動や変容を客観的に判断するための活動を具体的に示す

本時の目標は，単元全体の目標よりも具体的で狭い範囲をカバーしています。また，どんな活動を取り入れるのか，既習内容の何を活用させるのかなど，授業内での子どもの学び方を具体的に目標に組み込むことが大切です。

例えば，６年生の「並べ方と組み合わせ」では，並べ方や順番を調べる学習があります。右のようなイラストを見せながら，リレーの出走順の組み合わせを考える問題設定です。ここでは，❶として「落ちや重なりがないように，組み合わせを調べるこ

とができる」といった目標が考えられます。一方で，「どのように調べたのか」「調べ方にはどんな特徴があるのか」などを話し合う場が必要となります。そうなると，❷として「表や樹形図を使って～」「重なりを消したり～」「～を調べる方法を考える」などといった目標が付け加わるはずです。

こうして本時の目標を具体的かつ簡潔に設定することで，本時の学習活動がわかりやすくなり，あわせて評価規準も具体化されます。つまり，目標と指導と評価の一体化が実現すると考えられます。

❷本時の目標を１～２つに絞る

算数の授業を参観するなかで，「本時の目標が何なのかわかりにくい」「目標が多すぎて45分では達成できない」「授業内容や本時の評価とかけ離れている」といった疑問を感じることがあります。

かつて観点別学習状況の評価が強調されていた頃，評価の観点（当時は４観点）に対する目標をすべて形式的に羅列したことで，結局はどこに焦点化したのか不明確となる学習指導案を目にしたことがあります。そうではなく，評価の観点を踏まえ，本時の目標を１～２つに絞るようにし，本時の目標と指導の一体化を目指すようにします。

２つの留意点を踏まえ，評価の観点に沿って目標を検討した場合，前の「並べ方と組み合わせ」の授業例では，次のように設定することができます。

- **落ちや重なりがないように，すべての場合を数え上げることができる。**
- **表や樹形図を用いて，起こりうる場合を調べる方法を考察している。**
- **起こりうる場合を順序よく整理して調べる方法を見いだそうとする。**

本時の目標は，学習評価とも密接に関わります。評価の観点のどこに重きを置くのかによって，上記の３つの目標のどれがよいかは変わるものです。子どもの学習状況をはっきりと見取ることができるように，意図的・計画的に本時の目標を設定するように心がけたいものです。

2 課題の共有（課題提示）

授業では，問題の後に「課題」が提示されます。ここで気を付けたいことは，教師から課題を一方的に与えるのではなく，子どもが課題を見いだすように授業をつくることです。そのための視点を２つ紹介します。

❶「課題」は子どもの言葉で表し共有する

p.35の算数・数学の学習過程のイメージ図では，「焦点化した問題」が「課題」にあたります。基本的に問題より先に「課題」が共有されることはありません。また，子どものなかに課題意識がないのに教師側で課題を発表し，一方的に板書することは避けるようにしたいです。

私は，「課題」を右のように捉えています。注意したいことは，教師の言葉で「課題」を示すのではなく，子どもの言葉で「課題」を表現することです。

- 問題から明らかになるもの
- 子どもから引き出されるもの
- 解決するための道しるべ

例えば，前節の「並べ方と組み合わせ」の授業例では，「どうやって数えたらよいだろうか？」という子どもの課題意識がそのまま本時の「課題」になります。指導目標が「すべての場合を数える方法を考えさせる」となっていても，子どもが共有すべきことは「どう数えるのか？」だけです。次のように教師側と子ども側の言葉を使い分けながら，なるべく平易で短い表現で「課題」を確認するようにします。

指導目標：学習指導案上で記載する教師側の言葉
課　　題：子どもが課題を見いだすための言葉
→ 変換して表現する

❷「活動課題」ではなく「達成課題」を板書する

「〜について考えよう」といった示し方で「課題」を提示することがあります。私は，このような「課題」の与え方が，子どもの数学的活動を曖昧なものにしている原因と考えます。子どもは算数の内容に関して「〜について考えよう」という言葉は使わないからです（山本，2023，p.142)。結果として，個人思考で子どもから「何をすればいいの？」と改めて質問されるだけです。そうではなく，何をすればよいかを具体的に明示した「課題」を板書する方が，子どもの数学的活動の充実につながりやすいと考えます。例えば，先ほどの「並べ方と組み合わせ」の授業例であれば，子どもの意見を取り上げながら，次のような示し方で「課題」を板書するようにします。

・これらの表を比べると，どんな違いがわかるだろうか？
・式や表を見比べると，何か違いがあるのだろうか？
・人数が増えたら，式や表は同じように使えるのだろうか？

「表」「式」や「違い」「原因」といった達成しなければいけない課題が言語化された方が，子どもは達成しようとよりアクティブになります。なお，私が中学校で指導していた頃，課題の語尾は『？』で板書することがほとんどでした。その方が，「課題を明らかにしたい」「『？』に答えたい」とする子どもの追究意欲が高まるからです。

もし，「〜について考えよう」という「課題」にした場合は，「考えるってどういうこと？」と問いかけることから始める授業展開が有効です。「考える」を考えることで，「何を使うのか」「何をすべきか」という「課題」を子どもから引き出すことにつながると思われます。一方で，教師があまりに深掘りして聞きすぎてしまうと，問題を解決するための「見通し」につながる言葉が子どもたちから出されます。本来であれば，そこを含めて子どもそれぞれに考えさせたいので，「何を考えるのか」をどこまで共有するのかを適度に判断することが大切になります。

3 個人思考のさせ方

算数の授業では課題を共有した後に，子どもが問題の解決方法について個人で取り組む個人思考の時間を設定します。この時間をどのように進めるのかが重要です。個人思考のさせ方として，次の２点に留意するようにします。

❶自力解決から個人思考に変える

問題の解決方法について個人で取り組む時間は，一般的に「自力解決」と呼ばれているかもしれません。しかし，Chapter２第１節（p.25）では，「問題解決の授業」の指導過程に「個人思考」として位置付けています。相馬(2013）は，「自力解決」と「個人思考」を次のように区別しています。

・自力解決 ➡ 解決できるまで自分で取り組む（時間が長くなる）
・個人思考 ➡ 途中でもいいので自分なりに考える（時間が短い）

「自力解決」は，自力で解決するという意味ですので，子どもが自分で解決できるまで時間をかけてやらなければならないといった誤解が起きそうです。その結果，教師が一人ひとりにヒントを与えながら教え回ることになり，時間を費やすことが懸念されます。また，算数が苦手な子どもには，「考えてもわからない」「暇だ」といった苦痛の時間になる可能性もあります。

それに対して「個人思考」は，解決することが目的ではなく，解決する方法を考えることに重点を置いています。そもそも，子どもが一人で問題を解決できるはずはなく，途中までしかできなかったり，つまずいてまちがったりすることは自然です。「集団解決」でこのような考え方を一緒に取り上げることで，みんなで問題を解決する楽しさにつながるものです。

❷個人思考の途中にステップを入れる

個人思考は，子どもの考えが浅いままであれば，集団解決での話し合いが不十分になります。一方で，時間をかけすぎると，定着まで十分に時間が確保できず目標達成が難しくなるものです。なるべく短い時間でしっかりと考えをもたせるよう工夫したいものです。そこで，個人思考の段階を次のように２つに分けて行うことを勧めます（参考：田中・谷地元，2023）。

段　階	子どもの学習活動
個人思考①	・課題の解決に向けて考え始める ・ノートやタブレットなどに考えを表す
途　中	・周囲の考えや状況（困ったことなど）を知る ・解決するための視点（解決の糸口）を得る
個人思考②	・自分の考えをまとめて，説明できるようにする ・他の考え方や別の方法がないかを探る

もし個人思考の時間が５分あるとすると，２分もしないうちに思考が停滞したり，解決を終えて待つだけになっていたりする子どもが出てきます。そこで上の網掛け部分のように，教師が意図的に時間を区切り「途中」の時間を設けることで，個人思考の後半に行われる学習活動が変わります。

例えば，６年生の「分数のわり算」では，乗数が分数になる乗法の計算を学習します。比較量や倍を表す数が分数の場合，基準量を求めることを考えることは簡単ではありません。

個人思考の途中で「何か困っていない？」と問いかけると，「やり方がわからない」と答える子どもがいるはずです。そこで，次のような子どもの考えの一部分（線分図）だけを紹介することで，その考えを聞いた他の子どもは個人思考の後半を進めるきっかけを得ることになります。ここでの途中の時間は，個人思考の前に行われる「見通し」とは質が異なります。子どもの考えに基づいて目的をもって行われますので，数学的活動として位置付くものです。

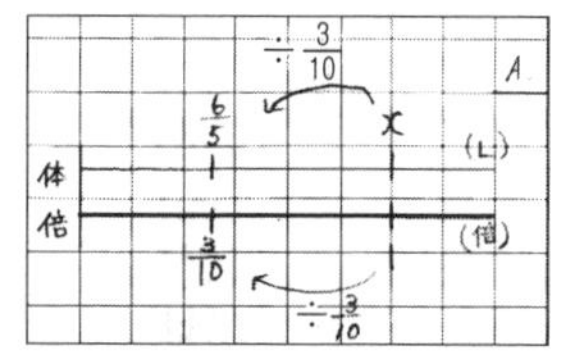

4 机間指導の行い方

算数の授業では，机間指導を行うことがあります。机間指導は机間巡視と違い，子どもの周りを歩くだけではありません。机間指導の役割を適切に果たすことによって，授業展開が大きく変わると考えられます。

❶場面に応じて机間指導の目的を変えること

机間指導の目的は，第一に「子どもの学習状況を捉えること」です。そうはいっても，机間指導の目的はいつも同じわけではなく，授業の導入，展開，終末の場面で次のように異なると考えられます。

・導入 ➡ 問題把握の状況を確認する，予想を把握する
・展開 ➡ 個別指導する，考え方を確認する，評価する
・終末 ➡ 理解を確認する，振り返りの様子を確認する，評価する

机間指導を行いながら子どもに問いかけることが多くなるのは，展開や終末であり，子どもが見方・考え方を働かせているときです。

例えば，導入で予想させる場面では，ノートに書かれた子どもの予想を黙って見ながら状況を捉えるようにします。展開の場面では子どもの思考を促すために，教師が意図的につぶやくことがあります。「図で考えているんだね」「答えは２つあるの？」などと周囲に聞こえるように声を発すると，他の子どもの手が進むようになります。反対に，導入や展開の前半部分では，机間指導をしながら子どもの思考活動をじっくり見ることがあります。また，終末の練習問題の場面では，「どの方法で解決しているのか」「説明の仕方は正しいのか」など，理解の状況を確認することがあります。

個人思考では，教師が机間指導を行うことが多くなります。そうなると，全体を見ることはできませんので，ノートに気付いたことや困ったことをメモしてもらうことが必要となります。疑問や発見を積極的に言葉に残させることで，個人思考の途中で紹介したり，授業の後半に生かしたり，学習の振り返りにも役立てたりすることができるようになります。

❷集団解決に向けた授業の計画を構想する

机間指導では，手が進まない子どもの個別指導に終始しがちです。しかし，この後の集団解決での練り合いや話し合いの行い方を考えながら机間指導を行うことが大切です。特に，課題を提示した後に行われる個人思考での机間指導は，授業展開の後半を大きく左右するものです。そこで，子どもの学習状況を把握し授業計画を修正したり，指名計画を立てたりするなどして，集団解決に向けた準備を行うことが必要です。

右の図は，個人思考における机間指導で，教師が行うことを表したものです。

個別指導と全体指導は，子どもに直接的に関わる机間指導を指しています。一方で，集団解決に向けた準備と指名計画は，子どもに間接的に関わる机間指導になります。

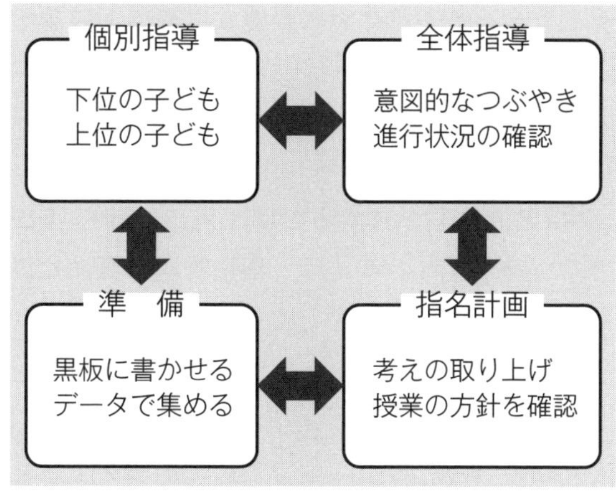

この４点に順序性はありませんので，同時に子どもへの対応を行ったり，授業の計画を考えたりするようにします。一見，どのように進めるか難しく感じるかもしれません。しかし，この後に控えている集団解決やさらに後の授業をどう展開するのかが重要ですので，教師はバランスよく同時にやりくりしながら机間指導を行うことができるように工夫したいものです。

5 挙手と指名計画

授業では，集団解決での話し合いをどのように練り上げたらよいかなど，実際に指導しながら子どもを指名する順を検討することがあります。ここでは，「指名計画」の意味と具体的な「指名計画」の立て方を説明します。

❶指名計画とは何か

子どもを指名するときには，「適当に指名する」場合と「意図的に指名する」場合の２つがあります。「指名計画」は後者であり，根拠をもって誰を指名するかを計画するという意味になります。相馬（2013）は，「指名計画」を立てることの意味を次のように述べています。

> どの考えをどの順番に，どのタイミングで取り上げるのかを決める。

「指名計画」を立てるのは，主に机間指導の時間です。個人思考で明らかとなった子どもの考えは，集団解決の場面で表出できるようにします。そのためにも，机間指導をしながら「何を」「どのように」取り上げるのかを構想することが重要です。

例えば，１年生の「３つのかずのたしざん，ひきざん」では，３つの数の加法を１つの式で表す学習を行います。子どもは，右のような問題で，ブロック操作や図などを使いながら式を考えます。

> 【問題】
> うさぎが４ひきのっていました。３びきのりました。２ひきのりました。ぜんぶでなんびきになりましたか。

個人思考のなかで子どものノートを見ると，次のような式が書かれています。

［式㋐］4＋3＋2＝9　　　　　　［式㋑］7＋2＝9
［式㋒］4＋3＝7　7＋2＝9　　［式㋓］3＋2＝5　4＋5＝9

集団解決で１つの式に表すことのよさについて話し合うことを考えると，式㋐だけを取り上げて終わるわけにはいきません。式㋑〜㋓を書いた子どもの考えを意図的に取り上げ，文章題と結び付けて式の意味を比べさせることで，計算の仕組みを確実に理解できるようにすることが大切です。

❷挙手と指名を使い分ける

集団解決の場面を充実させるためには，教師の意図的・計画的な指名抜きで目標達成することは難しいと考えられます。そこで，挙手と指名を使い分けながら，授業展開での子どもとのやりとりを充実させることを勧めます（相馬，1997，p.67）。右の表のように，教師の意図があるかどうかによって，子どもを当てる方法は４通り考えられます（谷地元，2014）。原則，これらに使い分けはありません。

	無意図的	意図的
挙手		
指名		

例えば，問題場面や既習内容などの簡単に確認できることがら，予想や簡単な理由を問うなどの全員が答えやすい内容であれば，無意図的挙手や無意図的指名で授業を進めることができます。一方で，指名計画で子どもの考えを把握しておくと，挙手した子どもや教師側で指名した子どもに意図的に発言させることができます。それによって，本時の指導内容を理解するために必要な考えをタイミングよく扱うことができるようになります。

例えば，先にあげた「３つのかずのたしざん」であれば，指名と挙手を使い分けることで，式の比較を行う授業展開が期待できます。

Ｔ：どんな式になったかな？ ➡ **意図的挙手** ➡ Ｃ：式は４＋３＋２！
Ｔ：○○さんも同じ式なの？ ➡ **意図的指名** ➡ Ｃ：７＋２になった！

6 多様な考えの取り上げ方

子どもはいろいろな発想で問題を解決しようとします。正しい考えもありますが，誤答や途中でつまずいている場合もあります。授業では多様な考えをどのように扱うのかを判断し，問題解決に生かすことが必要です。

❶多様な考えをどれだけ取り上げるのか

「考え方をたくさん出させて終わり」「扱いきれずにまとめられない」といった授業を参観したことがあります。私は，多様な考えを扱うことには共感できます。しかし，多様な考えは出させることが目的ではなく，それをもとに問題や課題を解決することが目的にならなければいけません。

古藤（1990）は，多様な考えを次の４つに分類しています（p.22）。

- ○ 独立的な多様性 … それぞれのよさを認める
- ○ 序列化可能な多様性 … 一番よい考えに絞る
- ○ 統合化可能な多様性 … それぞれの考えを１つにまとめる
- ○ 構造化可能な多様性 … それぞれの考えの関連を明らかにする

これらは，多様な考えの生かし方やまとめ方の基本です。授業では古藤の分類を踏まえながら，子どもの考えの生かし方を検討するようにします。

例えば，３年生の「分数」では，単位分数をもとにした分数の大きさを理解する学習を行います。ここでは，右の問題を提示し個人思考させると，子どもからは，次のような多様な考えが期待できます。

【問題】
$\frac{2}{5}$と$\frac{3}{5}$はどちらが大きいでしょうか。

［その1］１Ｌますをかいて比べる　　［その2］数直線で比べる
［その3］線分図で比べる　　［その4］テープ図で比べる
［その5］ひき算の式を立てて計算する

大切なことは，考えを比較・検討することです。そうなれば統合化・構造化するために必要な２～３つの考えに絞るようにします。そこで生み出された時間を使って，深く話し合いをする方が目標達成に迫ると考えられます。

❷同時に取り上げるか順番に取り上げるか

相馬（1992）は，多様な見方や考え方の取り上げ方を次のＡとＢの２つにまとめています。さらに相馬は，「a 机間指導をもとにした指名」と「b 挙手による指名」による考えの取り上げ方を関連付けて４つのパターンに分けることで，「問題解決の授業」を進めることを提案しています。

Ａ：多様な見方や考え方を１つずつ順に取り上げる。
Ｂ：多様な見方や考え方の複数を一度に取り上げる。

先ほどの「分数」の授業例では，次のような組み合わせがあります。

・Aa➡ 机間指導で指名計画を立て，図→１Ｌます→数直線の順に確認する。
・Ab➡ 挙手で発表者を決め，図，１Ｌます，数直線などを確認する。
・Ba➡ 机間指導で指名計画を立て，黒板に一斉に書かせてから確認する。
・Bb➡ 挙手で発表者を決め，説明する内容を選びながら書かせて確認する。

どの組み合わせを選ぶのがよいかは，教師の判断に委ねられます。「目標」「問題」「子ども」「時間」を基準とし，どれに重点を置くかによって選び方は変わります。いずれにしても，「最初にどの考えを扱うのか」を検討することが重要です。

7 考えの比較・検討

集団解決では，子どもの考えを取り上げながら，課題解決に向けた練り合いが行われます。第５節で説明した指名計画と関連させながら，子どもの考えをどのように比較・検討するのかによって，授業の流れは変わります。

❶修正が必要な考えや誤答を先に取り上げる

三橋（2016）は，練り上げにおいて取り上げる子どもの考えの検討順序を次のように示しています（p.43）。

① 修正が必要な考え	[既習事項活用による考え]
② 修正が必要な考え	[誤りや欠落，解決途中等の考え]
③ そのまま受け入れられる考え	[本時のねらいとする考え]

①は，既習内容をもとに検討できる考えを指します。全員で共有理解を図ることができる程度の簡単な修正です。②は，誤りや解決まで至らなかった考えを指します。複数ある場合は，全体で検討する必要性が高いものから扱うようにします。③は，本時の目標達成に欠かせない考えを指します。「なぜそうなるのか？」「いつでもいえるのか？」を考えるきっかけになります。

例えば，２年生の「はこの形」では，箱の形をしたものを構成したり分解したりする学習を行います。この授業例では，右のような図を提示し，たりない面をつぎたして箱の形を完成させるといった「条件不足の問題」を与えることができます。子どもに考えさせると，次のア～ウのような図を完成させることが期待できます。

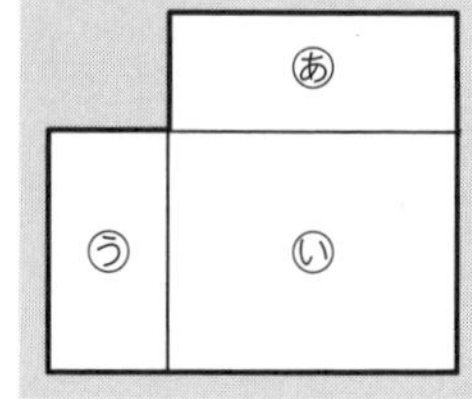

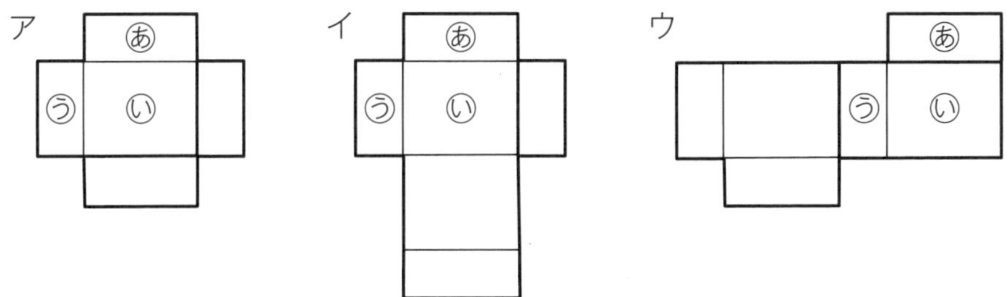

箱には６つの面があることを学習しています。アは，面を１つ加えることで，展開図の形になることが確認できます。イはよくある誤答例で，箱ができない理由を検討する機会となります。次に，ウを取り上げたときに，「面と面の並びにはどんなきまりがあるのか？」を追究するきっかけになります。

❷考えを比較・検討するための準備を行う

集団解決を始めてから子どもを指名し，黒板に式や図をかかせてしまうと，それだけで時間が費やされます。速やかに話し合いに向かうためには，教師側の事前準備が必要です。基本的な方法として次の２つがあげられます。

「ｉ）個人思考の合間にかかせる」　「ii）部分的に説明させる」

ｉ)は，個人思考で考えを追究している子どもの裏で，発表する子どもに準備させることです。例えば，先にあげた箱の授業例では，数名の子どもを選んで黒板に図をかかせたり，ICT を活用して配信したりするようにします。そうすることで，困っている子どもの思考が進むようになったり，自分の考えと比較して正誤を確かめようとしたりする学習活動が素早く始まります。

ii)は，集団解決のなかで行う準備です。新たな考えを紹介するときに，すべて最初から発表させる必要はありません。「考えのどこが違うのか」に焦点化するために，教師側で選び簡略化することが大切です。例えば，先の箱の授業例で，ウに似た図をかいた子どもの考えがあれば，教師側でサッと図を示し，必要な部分だけを説明させる方が理解につながると考えられます。

8 集団解決の行い方

集団解決の場面では，全体で課題の解決や問題の解決がなされます。一方で，集団解決の行い方を誤ってしまうと，子どもが考えを順に話すだけの発表会に陥ります。ここでは，集団解決の行い方の留意点を２点紹介します。

❶理解の状況を確認するために問いかける

考えを説明することは，子どもの数学的な表現力を育む機会となります。ただし，発表時間を長引かせたり，一人の発言を聞かせっぱなしにしたりしないように注意すべきです。例えば，次のように話し合いを活性化させます。

ア.「わかったか」と問わずに「どこまでわかったか」を問う
イ．この説明で十分かどうか，補うことはないかを確認する

アは，子どもの理解の状況を明らかにするための問いかけです。「わかったか」を問うても，自信をもって答える子どもは多くありません。そこで，「どこまでわかった？」と問いかけ，わかっていることを説明させた方が，学級の子どもを巻き込みながら理解の様子を明らかにすることができます。

イは，子どもの説明を正解や不正解で終わらせないための問いかけです。子どもの考えは十人十色で，他者の説明との微妙な違いを気にするものです。そこで，「補足はあるか？」➡「質問はないか？」の順に議論を進めます。

例えば，３年生の「たし算とひき算」では，３つの数のたし算を加法の結合法則や（　）を用いて計算する学習が行われます。ここでは，次のページのような式が出されますが，計算の仕方を読み取ることは簡単ではありません。そこでアとイを踏まえ，教師から次の問いかけを行うようにします。

T：計算の仕方はどこまでわかったかな？
T：計算の仕方で付け加えたいことはある？
T：次にやってみたいことは何だろうか？

　26＋122＋74
＝26＋74＋122
＝222

３つ目の問いかけは，新たな追究方法を見いだしたり考えを広げたり統合したりする際に効果的です。教師側でよりよい計算方法を与えた方が楽かもしれませんが，まずは子どもに委ねてじっくり考えさせることが大切です。

❷似た考えを例示することで思考を広げる

子どもの考えを拾い答えを示すだけでは，深く学ぶチャンスを逃してしまいます。すぐに考えを紹介するのではなく，似た考えや関連する考えを確認すると，考えを深める機会につながるものです。クイズ番組で例えると，正解者が似たようなヒントを与えて，他の解答者に考えを促す場面と同じです。

例えば，先にあげた授業例では，どんな工夫をしているのかを発見すること自体が数学的活動となります。次のようなやりとりから，学びを深めることができそうです。「例えば…」を説明させることは，子どもの気付きを促し，学習意欲を高めることにも結び付きます。

T：これと同じ工夫ができる計算ってあるかな？
C：例えば，132＋156＋144でも使えるよ！
T：全部３ケタの数でもうまく計算できるのかな？
C：あれとあれを組み合わせたら簡単にできそう！

相馬（1997）は，「問題解決の授業」を山登りに例えています（pp.28-30）。山頂は１つでも登山ルートは様々です。特に，集団解決の場面は，直面している困難を克服しながら登ることで，山頂に辿り着いたときの喜びは格別なものです。集団解決の場面を子どもとともに味わうようにしたいものです。

9 発問と問い返し

授業は教師の発問によって進められます。「よい発問」ができるようになると子どもの発言や反応は変容し，深い学びに向けた数学的活動が充実されるものです。ここでは，発問の種類や効果的な発問について説明します。

❶発問をひとくくりにせずに使い分ける

「発問」とは，「授業のなかで教師が子どもに対して問いかけること」です(授業研究用語辞典)。発問によって授業は変わりますので，発問を検討することは重要です。授業における「発問」は次のように分けます。

・確認としての発問　　　… 進み具合や理解の状況などを聴く
・指示としての発問　　　… 活動内容などの説明を伝える
・問いかけとしての発問 … 子どもに考えを問う

例えば，「問題わかった？」と確認する発問があります。また，「予想できる？」と指示する発問があります。さらには，「どうしてそうなるの？」と理由を問う発問もあります。これらを区別して発問することで，「何をすべきか」「何を答えるべきか」が明確になります。

授業の核となるのは，「問いかけとしての発問」です。学習指導案に記載するような発問を指し，「主な発問」と呼ぶこともできます。例えば，3年生の「10000より大きい数」では，5位数の順序や相対的な大きさを学習します。ここでは，次のページの問題が考えられます（相馬・早勢，2011，p.73)。

□の数を予想させると，いろいろな数が子どもから出されます。ただ，時間が経つと子どもの表情はくもり，つぶやく声が聞こえるようになります。

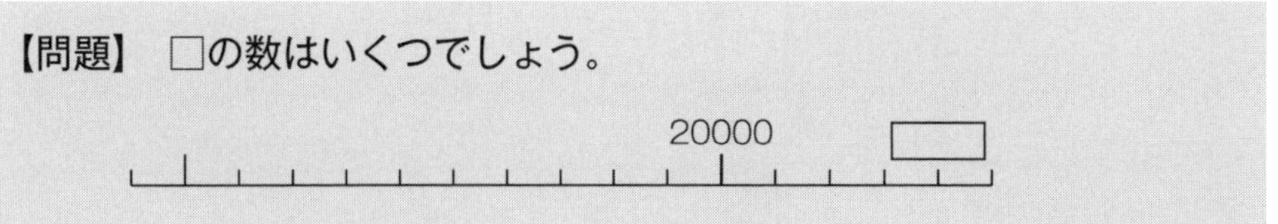

そこで,「なぜ□の数はわからないの？」「どこの目盛りがわかると□がはっきりするの？」といった問いかけとしての発問を行います。これらの発問により，子どもの「？」を解消する方向を見いだすきっかけが与えられます。

❷「問い返し」を効果的に取り入れる

「問い返し」は,「問いかけとしての発問」のひとつです。私は,「問い返し」を『子どもから出された考えに対する，本時のねらいに迫るための教師の意図的な発問』と定義しています。右の図は「問い返し」の過程を示したものです(谷地元，2011)。オウム返しのように繰り返し言わせるのではなく，必要な考えを引き出すための発問です。先ほどの授業例で，数直線における相対的な大きさを理解するためには，与えられた目盛りを数えるだけではなく，目盛りが表す意味を読み取る必要があります。そこで，授業の後半では次のように問い返すようにします。

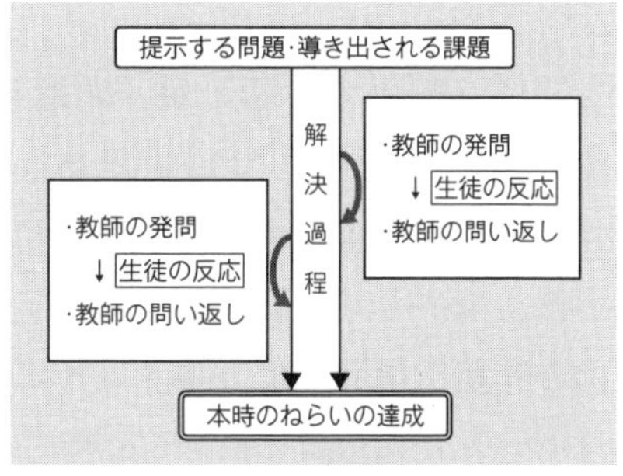

T：目盛りの表す数が２か所わかると，□の数がはっきり決まるんだね？
C：２か所の数がわかったらできそうだけど…
C：目盛りの分け方も考えないと□ははっきりしないなぁ…

こうして解決過程を振り返るきっかけを与えることで，数の相対的な大きさを理解するための追究活動が促されます。また，目標達成に向けて学習活動が進められますので，意味理解を深める授業が展開できると考えられます。

10 問題の解決

「問題解決の授業」は，課題を解決する過程を通して問題を解決することが大切です。問題を解決して学習を振り返り，学習内容を活用することで子どもの学びは深まります。ここで，問題の解決における留意点を確認します。

❶問題の答えを丁寧に確認し，学んだことを価値付ける

問題を解決することが「問題解決の授業」におけるゴールです。まずは「問題の答え」を丁寧に確認するようにします。それによって，算数・数学の学習過程サイクルを回すことにつながると考えられます。

例えば，５年生の「整数の見方」では，最小公倍数を学習します。ここでは，次の問題を提示して授業を行うことができます（参考：早勢，2015，p.27）。

【問題】 ６と９の最小公倍数は54です。正しいだろうか。

この授業では，ややもすると最小公倍数の求め方の習熟に重きが置かれがちです。しかし，それでは問題を工夫したことの意味がありませんし，子どもの考えを生かすことができず，単調な展開になりがちでもったいないです。

子どもからは，「６と９の段を全部かいて共通する数を見つける」「９の段をかいて６で割れるかを調べる」といった方法があげられます。そこで，問題の答えを「正しくない」と確認した後に，じっくりと子どもの声を聴くようにします。すると，次のように声を発する子どもがいます。

・答えは54じゃない。６と９をかけても最小公倍数ではないんだ…

・他の数のときには，かけ算するだけで最小公倍数が求められることがあったな…

このような子どもの声を拾いながら，問題を解決した後に本時の学習で身に付けた最小公倍数を求める方法を確認するようにします。それだけでなく，「どんな２つの数なら，かけ算でできるの？」と問いかけることで，整数の見方の理解を深めることもできます。２つの整数の特徴を考えることで，２数の公倍数に着目した意見を引き出すことができると考えられます。

❷問題に戻り，問題設定の意図を子どもと確認する

私は授業で問題が解決した後に，「なぜこの問題を出したと思う？」と問うようにしていました。本時の問題は生命線ですので，提示した問題にはどんな意図があったのかを子どもと一緒に振り返ることには価値があります。

先ほどの最小公倍数の授業例では，正誤タイプの決定問題を提示しています。Chapter２第５節（p.56）で説明した問題の工夫では，数値を意図的に検討することをあげました。例えば，子どもに問いかけると次のような意見が出されると想定されます。

・６と９をかけ算して54と答えるから，まちがえる人が多そうだから。
・６も９も３の倍数になっていて，同じ倍数になるようにしたと思う。
・理由を説明させようとしたいから，いろいろな数で試すようにするため。

この問題は，「６と７の最小公倍数は42です。正しいでしょうか？」と提示することもできます。しかし，誤答を想定した数値にしたことが，問題の意図を考えるきっかけになります。さらに，問題を解決したことを認めるだけではなく，さらに算数を深めようとする子どもの考えを聞き入れることが大切です。その上で教師の意図も伝えることで，「そうだったんだ」という声があがります。また，このような機会を設定すると，子どもは黒板やノート，タブレット端末などを見返しながら，問題の解決過程を自分なりに振り返ろうとします。問題提示から問題の解決まで振り返る行為は，算数の学習を見通す活動にもなりますので，問題の解決過程において大切にしたいです。

11 確認問題

問題の解決を終えた後は，まとめや練習を行うことが一般的です。ただ，本当に理解しているのかを確かめないまま練習問題に入ると，得られた知識や技能などが正しく活用できているかどうかに不安が残ります。そこで，問題を解決した後に，「確認問題」を位置付けることを勧めます。

❶まとめの前か後に確認問題を位置付ける

確認問題とは，「学習内容の理解を確かめるために，まとめの前または後に行う問題」を意味します。個人で取り組むだけではなく，全体で意見を出し合ったりペアで話し合ったりしながら進めるようにします。私は，問題の解決を終えた子どもに確認問題を行うことの意義を次の２点と考えています。

・教師にとって　：子どもの目標達成の状況を確認することができる
・子どもにとって：自分の理解の様子を確かめることができる

例えば，４年生の「分数の大きさとたし算，ひき算」では，同分母の帯分数の減法を学習します。右のような複数の練習問題が教科書に掲載されています（４年下，p.127，教育出版）。

① $2\frac{5}{11}-1\frac{3}{11}$　② $1\frac{7}{9}-\frac{5}{9}$
③ $8\frac{3}{4}-\frac{3}{4}$　④ $4\frac{1}{7}-1\frac{5}{7}$
⑤ $2\frac{1}{5}-1\frac{3}{5}$　⑥ $5-2\frac{3}{10}$

帯分数の減法の仕方をまとめた後，「全部やろう」と与えることもできます。しかし，本時の目標に正対した練習問題を行うためには，④のような「帯分数の真分数同士がひけないときの計算の仕方を理解できている」ことを教師側が把握する必要があります。私であれば，数値を変えたひき算の例を黒板にサッと書きます。一緒に計算の仕方を振り返り，子どもの声の様子や正答できたかどうかなどから理解の状況を判断します。終末段階の時間を充実させるためには，確認問題を計画的に授業に位置付けるようにします。

❷確認問題の選び方を検討する

確認問題は，個人で考えさせるよりも全体でのやりとりを通して進める方が，子どもの理解の状況を把握しやすくなります。

i ）最初に提示した問題に類似した確認問題を扱う

新たに学んだ学習内容を確認するためには，問題の解決過程で理解が伴っているのかをおさえることが大切です。そこで，導入段階で提示した問題に立ち返り，その問題をアレンジした確認問題を提示するようにします。先ほどの授業例であれば，次の問題と確認問題を出題することができます。

【問題】　正しいでしょうか。

$$3\frac{1}{5}-1\frac{2}{5}=2\frac{1}{5}$$

➡

【確認問題】　計算しましょう。

$$4\frac{2}{5}-2\frac{3}{5}$$

問題の数値を変えただけです。子どもとのやりとりを通して，帯分数の減法についての計算の仕方の理解を確実に確認することができると考えます。

ii ）練習問題のなかから１つ取り上げて確認問題にする

確認問題の後には，個人で練習問題を行います。教科書に掲載されている練習問題の特徴を捉えておくために，意図的にそこから１つ取り上げて確認問題とすることも効果的です。

先ほどの授業例であれば，練習問題④を確認問題にすることができます。私であれば，最初に提示した問題と④を比較させながら全員で確認し，計算の仕方や途中の式の書き方などを確かめるようにします。そうすると，子どもは他の５問についても安心して取り組むことができるようになります。

12 まとめ

授業では，終末段階で「まとめ」を行うことがよくあります。それは，「まとめ」が本時の目標達成と関わりが深いからです。しかし，子どもの側に立ったとき，決まりきった「まとめ」が行われるだけでは不十分と考えられます。

❶新たな知識や技能，見方や考え方を学んだときにまとめる

「まとめ」とは，本時の課題に正対した答えや学習内容の要点を明らかにすることと解釈できます。授業の最後に形式的にまとめるだけでは，子どもにとって必要感はありません。それは，新たな学びを身に付けるのは個人思考や集団解決の場面が多いからです。例えば，次のように子どもが「まとめ」を意識するタイミングで，自然に行うように工夫します。

・個人思考で予め新たな知識が必要となるときに，教師側からまとめる
・子どもの考えを全体で共有したときに，その考えをもとにまとめる
・解決できないことがわかったときに，教科書などで確認しながらまとめる

例えば，６年生の「比例と反比例」では，比例する２つの数量の関係について学習します。水槽に水を入れるときの時間と深さの関係を次のような表で示し，伴って変わる数量に着目させる授業があります。

小学校では，比例の意味を３つ（本時では２つ）指導します。子どもが個人思考や集団解決を通して，表に潜むそれらの特徴を見いだす活動が行われます。ここで，最も子どもの興味が高まるのは，表から特徴を発見した

時間 x（分）	1	2	3	4	
深さ y（cm）	2	4	6	8	

瞬間です。終末段階まで待つことなく，即座に板書してノートに記録させることで「まとめ」を行うことができます。

私は，子どもが見つけたことを「まとめ」にする場合には，板書する位置を離さないために，矢印や吹き出しを使ってなるべく近くに書くようにしました。その方が，問題の解決過程が見えやすくなったり，重要なポイントにどこで気付いたのかがわかりやすくなったりするからです。

❷子どもの言葉を使いながら簡潔にまとめる

教師によってきれいに書き換えられた「まとめ」は，子どもが内容を読み取り解釈することに手間がかかり，子どもの内面に深く伝わりにくいものです。子どもの目的意識と必要感は，「まとめ」の質まで向上させます。そこで，子どもに「まとめ」を考える場面を設定し，子どもの言葉を使いながら，簡潔にまとめるように工夫します。

ｉ）自分なりにまとめさせる
ⅱ）お互いに紹介し合う
ⅲ）共通するワードを見いだす
ⅳ）教科書でまとめを確認する
ⅴ）ノートに付け加えてまとめる

主な手順として，右の流れが考えられます。先ほどの授業例で，子どもの言葉でまとめさせると，次のような発言が期待できます。

・時間（分）に２や３をかけると，深さ（cm）も２や３をかけた数になる。
・時間に何かの数をかけたとき，深さも同じ数をかけた分だけ変わる。
・表の上と下を見ると，深さ（cm）は時間（分）の２倍になっている。

最初はこうした曖昧な表現で十分です。教師側で子どものワードを順に拾い上げ，「まとめ」として精緻化していくようにします。また，教科書を開いて見せることで，まとめ方の違いに簡潔さを感じたり納得したりする子どもがいます。こうしてまとめる経験を繰り返すことで，子ども自身が算数の授業のまとめ方を学んでいくようになります。

13 教科書の活用

教科書は，練習・定着を行うために扱うだけではなく，問題の解決過程の効果的な場面で活用しながら授業を進めたいものです。特に，「問題解決の授業」では，次のように扱いながら「教科書で教える」ことを大切にします。

❶問題の解決過程で教科書を意図的に活用する

新たな知識や技能を習得するためには，子ども自身が「本時は何をしているのか」を把握することが大切です。教科書と照らし合わせて確認することで，学習内容が明確になり確かな学力につながります。

「問題解決の授業」では，次のような有効かつ必要な場面で，教科書を活用することができます（谷地元，2017）。例えば，問題場面を教科書から取り上げることができます。また，個人思考の手助けや集団解決での考えを比較する材料にもなります。さらに，教科書の練習問題を確認問題として例示することもできます。

- 問題の提示➡図や問題文など
- 個人思考　➡考えの補助・拡散
- 集団解決　➡説明や別解の確認
- まとめ　　➡学習内容の確認
- 練習問題　➡理解の確認，評価

例えば，５年生の「合同と三角形，四角形」では，三角形の面積を学習します。面積の求め方はいろいろあるため，子どもの発表に時間がかかりがちです。一方で，本時は倍積変形と等積変形の違いや長方形と平行四辺形のどちらの図形に帰着したのかを比較・検討することに価値があります。

すべての考えが子どもから出されるのを待つことはできません。そこで，次のように問いかけながら教科書を開かせ，例示されている求め方について話し合うようにします。授業で出された考えと似た方法や自分たちが考えつかなかった方法を考え合うことで，面積の求め方の理解を深めます。

T：他に求める方法はあるのかな？
C：Aさんに似ているけど違うやり方だ！
☜ 教科書で確認する

C：どうやって長方形にしたんだろう？
T：みんなの考えと何が違うんだろうね？
☜ 新たな考えとの比較・検討

❷本時の学習内容と教科書を関連付ける

相馬（1997）は，教科書を活用する場面を８つに具体化しており（p.92），授業と教科書の関連付けを強めるよう述べています。特に，８つの活用のうち「まとめとしての活用」は，ぜひ実践していただきたい活用方法です。

私は，子どもにとって主たる教材は「教科書」と考えています。それは，全員が教科書を持っていること，指導内容や数学の系統が十分に検討されていることが主な理由です。子どもがいくら「問題解決の授業」に意欲的に取り組んでいたとしても，教科書との関連が明らかにされていなければ，授業内だけの取り組みにすぎず，単元間や領域間などの確かな理解や定着には十分につながらないからです。

先ほどの授業例であれば，授業で扱った三角形の面積の求め方が教科書のどこに該当するのか，どのように公式化されているのかを確認するようにします。教科書で確認する際には，次のように授業を進めることができます。

・授業で扱った内容が教科書のどこにあるのかを見つける
・アンダーラインを引いたり印を付けたりして強調する
・用語や公式などは声に出して読みながら確認する

ここには，教科書を活用しながら，授業以外の場面や家庭学習などでさらに学びを追究するような子どもを育てたいという願いがあります。そのためにも，授業内容と教科書を関連付けることが大切になります。

14 学習の振り返り

算数の授業を通して学びの質を高めていくためには，子ども自身が自分の変容を自覚する場面，すなわち「振り返り」が必要となります。ここでは，「問題解決の授業」における振り返りの留意点を整理します。

❶目的や意図に応じて，振り返るタイミングを変える

小学校学習指導要領解説（平成29年告示）の各教科の目標を見ると，「振り返り」を明記しているのは算数科だけです。算数の授業では「振り返り」が重要です。一方で，算数の授業を参観していると，「授業の終末時に毎時間のように形式的に振り返りを行っている」「振り返りを書くことが目的となっている」などといった不安があります。

私は，振り返りを「子どもが学んだ内容を自分なりに解釈すること」と捉えています。また，学習を振り返ることには，次の利点があると考えます。

- ○ 授業で働かせた数学的な見方・考え方を整理できる
- ○ 身に付けた知識や技能などを自分なりに確認できる
- ○ 自分自身の成長や変化，伸びしろを自覚できる

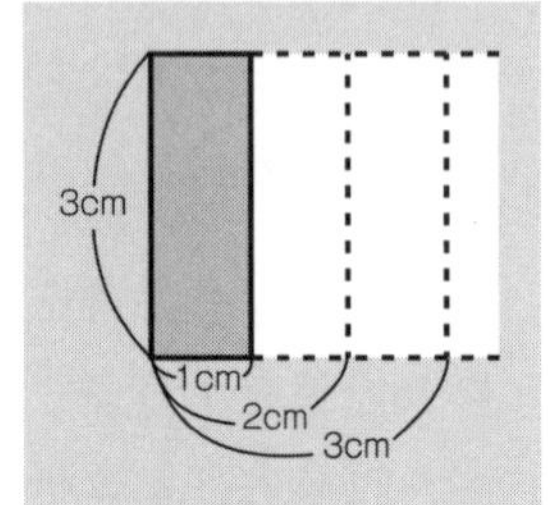

夏坂（2017）が，『いつも授業の最後に，結論に至るまでの過程や学習内容を振り返るばかりが「振り返り」ではない』と述べるように（p.3），振り返りのタイミングを検討することが大切です。

例えば，５年生の「２つの量の変わり方」では，比例の意味を理解する学習が行われます。右のよう

に縦が３cm で横が１cm の長方形の紙を並べる図形を示し，長方形が○個のときの面積を△で表す問題を提示します。すると子どもからは，「今までに似た問題があった！」といった４年生の「変わり方」の単元を想起する発言があるものです。問題が解決できた瞬時に振り返りを書かせる方が，多くの気付きが残っていますので，表を作ったり□を使った式で表したりしたことのよさや比例の意味理解を子ども自身が確認できると考えられます。

❷キーワードや具体例を入れながら振り返らせる

○ わかったこと
○ 気が付いたこと
○ 次に考えてみたいこと
○ 友だちの考えから思ったこと

学習の振り返りでは，問題解決の結果から明らかとなったことを学習感想としてまとめる場合があります。しかし，覚えた知識や計算の仕組みなどを言葉で表現するだけでは，よりよく問題解決ができるようになったかどうかは判断できません。また，教科書には右上のような学習感想を記述することが示されています。しかし，これだけでは振り返りが焦点化されるとは言いきれません。

本時の学習を振り返る際には，**①本時のキーワードとなる用語を使わせる，②具体例を入れて補足させる**など，算数での学びを可視化できるように記述の仕方を指導します。前の授業例であれば，「比例」「２倍，３倍」「きまり」などの算数の用語を使いながら表現させます。苦手な子どもが多いようであれば，事前に教師側で用語を例示してもかまいません。さらに，問題解決の深まりを確認するためには，「例えば」を使わせて子どもに例示させることが効果的です。自分で例をあげて説明することができていれば，適切に学習を振り返る機会となります。

①比例には一方が2倍、3倍
になると、もう一方も2倍
3倍になるきまりがある。

②

長方形の数	1	2	3	4
面積	3	6	9	12

×2 ×3

15 練習問題と答え合わせ

「問題解決の授業」は，練習・定着を大切にする授業です。「わかった！」「できた！」といった実感を伴う練習を行うためには，答えだけを確認するような形式的なやり方や時間を長く使うだけでは不十分と考えます。

❶一度に練習問題を与えるのではなく，段階的に行わせる

授業の終盤に練習問題を行うのは，次のような目的があるからです。特に，学習内容が知識及び技能，思考力，判断力，表現力等の何と関わり，どのように練習すれば確実に定着できるのかを教師側でおさえることが望まれます。

○ 学習内容の理解を確認する　○ 学習内容の定着を図る
○ 本時の学習評価を行う　○ 次時への関連付けを図る

本来であれば時間内に練習を行わないと，子どもの目標達成の状況が曖昧となり学習評価まで至りません。そこで，一度に練習問題を与えるのではなく，段階的に行うことを勧めます。

私は，練習問題が多いときには，奇数番号と偶数番号に分けて与えるようにしました。教科書の練習問題は配列が工夫されていますので，うまく組み合わせることで，おおよその子どもの理解を確認することができます。また，奇数番号はその場で解答して，偶数番号を宿題にすることもできます。

例えば，４年生の「式と計算」では，四則の混じった計算や（　）を使った式の計算順序について学習します。教科書には，次のような練習問題が掲載されています（４年上，p.139，教育出版)。これらの問題は，同じ数と（　）の付け方の違いで配列されており，計算の仕方の違いを理解すること

が難しいです。おそらく一度に与えてしまうと，なかには（　）の位置や四則計算の違いにつまずいてしまう子どもがいるはずです。そこで，練習問題ではそれぞれの式を比較させながら，計算の仕方の違いに着目するように工夫していきます。私であれば，次の手順で段階的に練習問題を扱うようにします。

① $3\times4+8\div2$
② $3\times(4+8\div2)$
③ $(3\times4+8)\div2$
④ $3\times(4+8)\div2$

ⅰ）①を計算させる。どこから計算をしたかを問いながら答えを確認する。
ⅱ）②～④の式を見せる。それぞれどの部分から計算するのかを問う。
ⅲ）時間を与えて②～④を計算させる。それぞれの答えを確認する。

❷すべて答えさせるのではなく，要点のみを説明させる

練習問題は解答の仕方を工夫することで，授業における位置付けや子どもにとっての必要感が変わるものです。子どもに解答を任せてしまうと，黒板に書くことに時間がかかってしまいます。本来であれば，「なぜそのようにできるのか？」を子どもと確認し合うことで，一層学びが深まるものです。そこで，子どもに答えさせたい内容を絞ることを勧めます。

前の授業例であれば，②や③を解答するときは途中式を教師側でサポートすることです。②の解答であれば，次の下線部アやイについては「どこから計算するのか？」「それはなぜか？」を問いながら，子どもと口頭でやりとりしながら説明させていきます。徐々に③や④の解答になるにつれて，子どもに任せる部分を増やしていくようにします。できれば，最後の④では自分一人で途中式を書いたり，式の意味を説明できるように指導したいものです。

② $3\times(\underline{4+8\div2}_{ア})$
$=3\times(\underline{4+4}_{イ})$
$=3\times8$
$=24$

16 宿題の与え方

授業では宿題を与えることがあります。宿題はやみくもに与えるのではなく，内容や与え方などを検討することが大切です。ここでは，どのような宿題であれば，子どもの学習が効果的になるのかについて確認します。

❶授業と関連付けた必要感のある宿題を与える

私は，宿題の意義を次の４点と考えています（谷地元・相馬，2004)。

・授業内容を復習することで理解の定着を図る
・日々の授業で，解決過程を充実するための時間が確保される
・学習に対しての主体性が養われ，学習意欲を高める
・教師自身の指導方法や授業改善にも役立つ

「学習内容の定着」ということばかりに目を向け，形式的に与えるだけの宿題では，子どもが主体的に学習に取り組むという効果は期待できません。また，「授業内容とかけ離れている宿題」「過度に難しい宿題」など，学習意欲を損ねるような宿題を与えるのではなく，授業と関わる内容や意欲的に取り組めるように工夫します。

例えば，２年生の「ひき算」では，２位数－１位数で繰り下がりのある減法の計算を学習します。教科書には，右のような練習問題があります（２年上，p.44，教育出版)。

◈⑦ ① 94－5　② 80－2
◈⑧ の①～④は略
⑤ 86－7　⑥ 74－8
⑦ 90－4　⑧ 30－9

授業では，練習問題の１つを次のように「問題」とすることができます。正しい計算

の仕方を学習した後に本時のまとめを行い，授業内で②，⑥，⑧を解答し，⑤と⑦を宿題として与えることができます。

【問題】
右の筆算のしかたは
正しいでしょうか。

```
   9 4
－)  5
   4 4
```

このように，授業で扱った問題と関連する宿題を与えることで，「やってみよう！」「挑戦したい！」といった必要感が生じると考えます。

❷継続して宿題を与え，出した宿題を次時で扱う

宿題の分量を多くしたり，繰り返し練習させたりすることも大切です。しかし，質的に充実した宿題を与える方が効果的な場合があります。次のような工夫を通して，継続して宿題を与えることが望まれます。

・授業内容に関わる教科書の練習問題を，毎時間２，３問ずつ宿題にする
・教科書に限らず，授業内容に関わる問題を意図的に選んで宿題にする

一度に与える宿題は10分程度の内容で十分です。大切なことは，教師が宿題を継続して与えること，そして出した宿題を次時で扱うことです。

前の授業例では，右のような箇所に類題が例示されています。後からまとめて行うのではなく，子どもの目的意識や必要感が高まっているうちに宿題にしたいものです。

○ 単元末や巻末にある練習問題
○ デジタル端末にある練習問題
○ 市販のドリルやプリント類

なお，学習内容の理解を図るためには，宿題をどのように扱うのかを検討することです。例えば，次のような扱い方が重要になります。

・出した宿題については確認を行い，授業内で解答・解説を行うこと
・宿題の結果だけではなく，途中の経過や取り組みの努力を認めること
・新たな問いが生まれた場合は「問題」として授業のなかで解決すること

17 学習評価の工夫

算数では市販テストを用いて学習評価を行うことがあります。その一方で，子どもの学習状況を適切に見取るためには，毎時間の授業で学んだことを適宜評価する必要があります。ここでは，学習評価の工夫について確認します。

❶簡潔な評価問題を用意して目標達成を把握する

学習評価は，子どもの学習状況を的確に捉え，教師が指導の改善を図るためにも極めて重要です。特に，指導に生かす評価は，子どもの主体的に学習に取り組む態度に関わります。また，本時の学習で「努力を要する」状況と判断される子どもに対しては，次時の指導を工夫・改善することで学びを保証しなければなりません。

本時の指導目標
　評価場面・評価方法の検討
学習評価の実施
　子どもの学習状況の把握
次時の指導の工夫・改善

ひとつの方法として，「1問テスト」で学習評価を行うことを勧めます。「1問テスト」の出題方法はノートや用紙に書かせて回収したり，Google Formsで回答させたりなどがあります。

例えば，3年生の「三角形」では，図形の角を学習します。ここでは，三角定規で直角を見つけたり角の大小を比べたりすることで，量としての大きさをもつ角を学びます。そこで，練習問題を終えた終末場面で，次の「1問テスト」を評価問題として設定することができます。

「1問テスト」は，「問題」と「確認問題」と関連させています。直角を選ぶだけですので，1～2分で終えることができます。子どもの負担もなく，教師側も子どもの目標達成の状況を的確に把握できるようになります。

【問題】
角が大きいのはどちらか。

【確認問題】
直角はどちらか。

【1問テスト】
直角はどれか。

❷具体的な評価問題のなかで主体的に学習に取り組む態度の評価も行う

主体的に学習に取り組む態度（以下，態度）は，数値化して評価することは馴染みません。また，単元を通じて振り返りを蓄積することがありますが，それだけで態度の評価として本当に十分なのかを検討する必要があります。

私は，具体的な問題を解決する様子を見取ることで，態度も評価することをひとつの方法と考えています。私が中学校で指導していた頃は，「例えば…」と教師側から評価問題を例示し，解答の仕方とそこに付け加えられた説明から，生徒の学びの状況を見取るように工夫しました。前の授業例であれば，次の評価問題を提示することができます。また，学習を適切に振り返っている子どもであれば，次のような記述が期待できると考えられます。

【態度も評価する問題】
3つの角を大きいじゅんにならべます。
答えと調べ方をかきましょう。

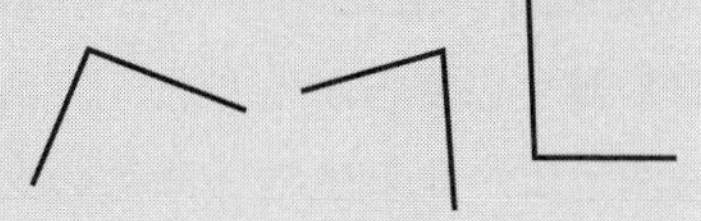

C：三角定ぎの直角をあわせていく。たりないかあまるかを調べたらいい。
C：直角がないときは，紙をきって角をじゅん番に重ねていくとわかる。

正答かどうかで知識・技能を評価します。また，「どうやって調べたのか」「既習内容の何を活用したか」など，理由の記述に着目することで，子どもが授業をどのように学んでいるのかの態度も評価することにつながります。

18 板書の工夫

板書には，文字や音声だけでは理解しにくい内容を視覚に訴えるよさがあります。また，友だちの考えや解決の方針は，板書を介して捉えると子どもの理解を促すことに結び付くものです。板書の工夫を具体的に紹介します。

❶解決のプロセスが見えるように見出しや発問を入れる

板書には，右のような意義があります。問題の解決過程が板書で残ることにより，解決に至るまでの過程を理解したり数学的な見方や考え方を身に付けたりすることに効果的です。特に，子ども自身が解決過程を把握することは，本時の目標達成にも関わります。

・課題意識や必要感を与える
・解決過程の状況を把握できる
・視覚的に捉え思考を促す

そこで，解決のプロセスが見える板書にするために，見出し（タイトルやキーワード）や具体的な発問を残すことを勧めます。私は，教師の問いかけ（～かな？～なの？）や主な発問をそのまま板書していました。その方が目的意識や必要感が生じたり，活動内容が伝わりやすくなったりするからです。

例えば，４年生の「分数の大きさとたし算，ひき算」では，大きさの等しい真分数の意味を理解する学習が行われます。ここでは，次の問題を提示することで，子どもが図を用いて説明する授業を進めることができます。

【問題】 右の分数のなかで，大きさの等しい分数はどれでしょうか。

$\frac{1}{4}$ $\frac{2}{6}$ $\frac{4}{8}$ $\frac{5}{10}$

この授業例では，もとにする単位分数によって何通りにも表されることに気付かせ，整数や小数にはない特徴に着目できるようにします。そこで，解決過程における板書の工夫としては，次のような見出しを用いながら，常に子どもに問いかけるように書き入れることです。なお，ここで大切にしたいのは，多くを板書することではありません。書くことに終始させるのではなく，視覚的に捉えさせながら考える時間を確保することです。

問題　…「どれが同じ大きさ？」
予想　…「$\frac{4}{8}$と$\frac{5}{10}$」「全部？」
課題　…「どうして同じなの？」
考え方…「めもりを比べる！」
追究　…「数直線でもできそう？」

❷子どもの途中までの考えやまちがいを板書に位置付ける

教師が伝えたいことを一方的に板書するのではなく，子どもの声を取り入れながら，解決過程が印象に残る板書にしたいものです。子どもからは，いつも正しい考えが出されるとは限りません。「途中まで」や「まちがい」も板書として残し，話し合いを通じて補っていくことができます。

前の授業例であれば，次のようなまちがった考えが子どもから出されます。

C：分母と分子の数が違うから大きさは同じにならないよ。
C：分母と分子にたしている数が違うから大きさは違うはず。
C：$\frac{4}{8}$と$\frac{5}{10}$は同じと思うけど，図でかいたら変だよ…

+1
$\frac{4}{8}$ $\frac{5}{10}$
+2

なお，私は生徒の納得の様子を記号（○，△，×）で板書するようにしました。その方が視覚的にイメージしやすく，共通理解が図りやすいからです。もちろん解決が進むなかで，△から○に，○から×に変わることもあります。

子どもにすべてを板書させる必要はありません。「図や式だけ」「ポイントとなる部分だけ」を書かせたり，口頭で説明したことをそのままの言葉で書きとめさせたりすることもできます。なお，考える時間や教師とのやりとり，子ども同士の対話の時間を確保すると，おおよそ板書は１枚に収まることが多いと考えられます。

19 ノート指導

ノート指導が充実していると，ノートのページをめくっている子どもの姿が見受けられます。自分なりに考えるときのヒントが書かれているからです。ノートをもとに考えを深められるように，ノート指導を工夫したいものです。

❶どんな見方・考え方を使っているのかメモさせる

ノートは，自分で考えた足跡やみんなの考えが綴られたオリジナルの参考書のようなものです。そこで，子どもの発達段階や指導する単元を踏まえ，ノートを作成する上で大切にしたいことを次のように伝えるようにします。

・どんな既習内容を使って考えたのかを言葉でメモする
・図や数直線，式などを使ったときは説明を付け加える
・まちがった考えは消さずに，まちがえた理由を書き残す

例えば，４年生の「変わり方」では，伴って変わる２つの数量の関係を調べる学習が行われます。教科書では，周りの長さがわかっている長方形の縦と横の関係を調べることで式やグラフで表す授業が展開されます。

子どもはノートに次の表をかきます。そして，この表内に線などのかき込みが入れられますが，一見何を考えているのか読み取りにくくなりがちです。

縦の長さ（cm）	1	2	3	4	5	6	7	8
横の長さ（cm）	8	7	6	5	4	3	2	1

そこで，言葉や印を付け加え，補足説明させるなどして視覚的に捉えられるようにすることで，働かせた見方・考え方を顕在化できるように工夫しま

す。例えば，❶変化の様子を矢印や囲みを使って表現させる，❷印を付けて下に説明をかかせるなどのメモから，子どもの考えを整理できると考えます。

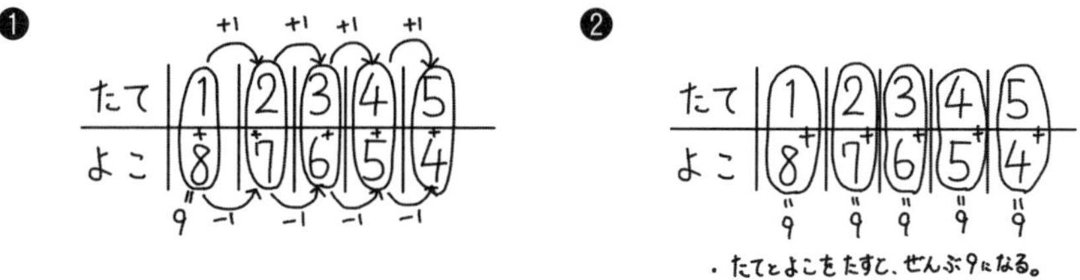

❷気付いたことや思ったことをコメントさせる

算数では，「もし～なら，こうなるかも！」と考えながら学ぶことがあります。「もし～」を考えているうちに，新たな気付きや疑問が浮かんでくるものです。そこで，こうした子どもの気付きをノートに残させるようにします。

ひとつの方法として，「吹き出し」に自分の思いをコメントさせることが，簡単で扱いやすいノート指導と考えられます。頭のなかの状態を文字化して表現させることで，課題解決の足掛かりとすることにもつながります。

前の授業例では，「周りの長さが18cm の長方形は，何種類できるでしょうか。」といった問題が提示されます。課題を見いだす場面では，次のような疑問や気付きが生まれ，ノートにコメントを書き留める子どもがいるはずです。

このように自分のなかで浮かんできた心の声を残させることで，解決過程がイメージできるようになります。また，ノート指導は板書とも関わりが深いので，教師側が子どものコメントを積極的に板書するようにします。

なお，よいノートは学級で紹介することを勧めます。また，教科書には参考となるノートの書き方が例示されていますので，これも紹介することで子どもがノート作成をイメージできやすくなると考えます。

20 ICT の活用

GIGA スクール構想によって1人1台端末が整備され，学びの場での ICT を活用した教育が始まりました。個別最適化された学びを実現するためにも，算数の授業ならではの適切な ICT 活用の方法を検討しなければなりません。

❶考えを追究するために自分なりに活用させる

・問題から課題を見いだす
・個人思考で自分なりに追究する
・集団解決で他者の考えを知る
・まとめたり発展させたりする
・確認問題や評価問題で確かめる

指導過程では右のような ICT の活用方法があり，学習を支援したり思考を広げたりすることが可能です。

ICT の活用は，「明らかな効果があると見込んで全員に使用させる場合」と「使用するかどうかを子ども自身に判断させる場合」があります。特に後者は，個人思考で自分なりに考える手段のひとつとして活用することを勧めます。

例えば，２年生の「かけ算九九づくり」では，九九を活用して乗法の理解を深める学習を行います。じゃんけん勝負をしながら次の問題を提示します。

【問題】
丸はじゃんけんでかった数です。
ぜんぶで何回かったでしょうか。

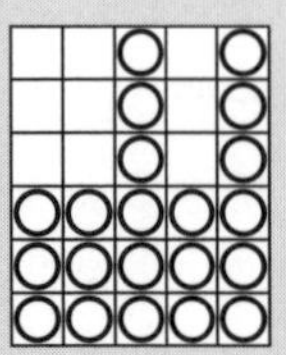

ここでは，単に数えさせるだけではなく，同じ数のまとまりを作る活動からかけ算に着目させることが必要です。そうすると，個人思考における子どもの追究方法としては，次のようなものが現れます。

・かけ算が使えるように，図形を切って貼り直して形を変える。
・配付されたプリントの右側に枠を付け足して，６個分を移動させる。
・タブレットに表示した図形を囲むなどして，同じ数のまとまりを作る。

考えるための手段に多様性があることによって，個々の子どもの学びに即した追究を行うことが可能です。また，子どもが考えをうまく説明するためには，ICT の準備を行うことが大切です。特に，机間指導で子どもに声をかけて準備させておくと，集団解決がスムーズに進められるようになります。

❷お互いの考えを読み取り深めるために使用する

ICT の最大の利点は，自分の考えを他者に説明したり，相手の考えを読み取ったりするために活用できることです。次の図のように，お互いの考えを比較・検討することで，数学的活動の楽しさを実感することや算数のよさに気付くきっかけになるものです。

自分の考え ⇔ 他者の考え
比較・検討
数学的活動の楽しさ，算数のよさ

前の授業例であれば，次のように ICT を使うことができます。

・図形を回転させて，「３×７」と「７×３」の式の違いを説明させる。
・問題の○の位置を変えたり増やしたりして，かけ算の式を発見させる。
・子どもに○を入れさせて，かけ算が使えるかをお互いに考え合わせる。

タブレット端末の活用としては動画を撮ることを勧めます。自分の説明を録画して他者に配信したり，次時以降の学習場面で使用したりできます。なお，教科書には学習支援コンテンツとしてフラッシュや動画が用意されています。また，NHK for School は問題提示に活用することもできます。

最後に，ICT はあくまでも目標達成の補助的な道具です。これらを踏まえながら，各指導過程における活用方法を検討することが肝要です。

【Chapter 3　引用・参考文献】

・山本良和（2023）．どの子もわかる算数授業づくりのシン・スタンダード．明治図書．

・相馬一彦（2013）．「考えることが楽しい」算数・数学の授業づくり．大日本図書．

・田中俊光・谷地元直樹（2023）．算数科における「集団解決」の充実を目指した授業改善の方策．北海道教育大学紀要教育臨床研究編，74（1）．61－73．

・相馬一彦（1997）．数学科「問題解決の授業」．明治図書．

・谷地元直樹（2014）．数学の授業における「予想」のあり方に関する一考察．北海道教育大学紀要教育科学編，65（1）．305－316．

・古藤怜（1990）．算数科　多様な考えの生かし方まとめ方．東洋館出版社．

・相馬一彦（1992）．多様な見方や考え方と指導法．日本数学教育学会誌，74（9）．266－274．

・三橋功一他，北海道教育大学「数学教育プロジェクト」編著（2016）．算数・数学授業づくりハンドブック．国立大学北海道教育大学算数・数学プロジェクト．

・相馬一彦・早勢裕明（2011）．算数科「問題解決の授業」に生きる「問題」集．明治図書．

・谷地元直樹（2011）．「問い返し」を取り入れた数学の授業改善．日本数学教育学会第44回数学教育論文発表会集．279－284．

・早勢裕明編著，算数科「問題解決の授業」の日常化を考える会（2015）．算数科はじめての問題解決の授業ハンドブック．北海道教育大学．

・谷地元直樹（2017）．「問題解決の授業」における教科書の役割と扱い方．日本数学教育学会第99回全国算数・数学教育研究大会　大会特集号．p.358．

・文部科学省（2018）．小学校学習指導要領解説（平成29年告示）算数編．日本文教出版．

・夏坂哲志（2017）．「振り返り」をどうするか．算数授業研究，Vol.110．東洋館出版社．

・谷地元直樹・相馬一彦（2004）．「数学の宿題」に関する考察．日本数学教育学会誌，86（1）．2－10．

・小学算数２上，小学算数４上，小学算数４下，令和６年度版．教育出版．

・NHK for School（日本放送協会）．https://www.nhk.or.jp/school/

・横須賀薫 編（1990）．授業研究用語辞典．教育出版．

Chapter

4

算数科
「問題解決の授業」の
NG 指導6

1

「問題解決の授業」は型にはめ込む指導法ではない！

算数では，知識や技能の定着を図ることは大切です。ある程度の授業の流れが決まると，教師側が「型」にとらわれてしまう場合があります。しかし，「問題解決の授業」の指導過程は決して定型化しているわけではありません。

❶学習状況を捉え，適切な場面で教師が指導する

子どもが主体となって問題解決を進めたり，単元目標を踏まえて学びを深めたりしていくことは重要です。その一方で，授業は教師の指導によって推し進められます。例えば，授業を進めるなかで子どもの思考が停滞した際には，次のような教師の出番があり，適切に指導する教師の役割が大切です。

ア．個人思考で，子どもが考えを進めるきっかけを与える場面
イ．集団解決で，本時の目標に迫るように方向付ける場面
ウ．終末段階で，子どもの理解の不十分さを解消する場面

アは，思考が滞っている状態を解消する手立てを指します。個人思考の時間を５分と決め，その時間は子どもに自力で考えさせる授業を参観したことがあります。しかし，手が付けられない子どもがいたとすれば，単なる無駄な時間にすぎません。次の手立てを考えて指導を施すことが必要です。

イは，本時の目標達成を実現することです。集団解決で話し合いをさせると，思わぬ方向に議論が向かうことがあります。「子どもが積極的に話し合って考えをまとめたからよい」とするわけにはいきません。教師の意図的な発問を取り入れるなどして，話し合いを正しい方向に導く必要があります。

ウは，学習内容の定着を図ることを意味します。終末ではまとめや振り返

りなどやるべきことが多くあります。しかし一番大切なのは，身に付けた知識や技能，思考・判断・表現したことが問題の解決につながることです。教師側で学習内容を補足したり，練習を追加したりするなどの工夫が必要です。

一方で，「教師の不要な説明」は最小限に留めます。子どもの説明を教師がもう一度説明し直す授業を見かけることがあります。発言した子どもの気持ちは台無しになりますし，上塗りをする無駄な時間になりかねません。「説明が不十分である」「わかっていない子どもがいる」といった場面で，確認や説明を促すような発問を行う等の教師の出番が必要になります。

❷指導過程を柔軟に変えながら授業を計画する

「問題解決の授業」の指導過程は基本形です。いつも問題提示から授業を開始できるわけではありません。私の場合，宿題の解答から始めたり，２時間扱いにして前時の続きからスタートしたりすることがありました。

算数では，単元指導計画における本時の位置付けによって，本時の指導過程はいろいろと変わるものです。例えば，次のような進め方が考えられます。

ア．宿題の解答➡新たな「問い」の発見➡課題把握➡集団解決➡まとめ
イ．問題➡個人思考➡集団解決➡問題２➡個人思考➡集団解決➡まとめ
ウ．（前時の続き）➡集団解決➡まとめ➡練習問題
エ．練習問題➡解決できない問題の発見➡問題提示➡課題➡（次時へ）

例えばイのように，１時間で２つの問題を提示し，それぞれの課題を解決することがあります。また，エのように，課題が終盤に設定されて次の時間に続く場合もあります。さらに，上記のア～エ以外にも指導過程を変えることもできます。どこに重点を置くのか，本時の目標を何にするのかなど，単元や領域，指導する子どもの実態に応じて柔軟に指導過程を捉えることが大切です。

2 授業のはじめの「復習」や最後に行う「予告」は必要か？

授業は45分と限られており，子どもに活動させたいことや指導したいことは山ほどあります。本時と前後のつながりを意識させることも大切ですが，形式的な「復習」や「予告」を行う必要があるのかを検討すべきと考えます。

❶「問題 ➡ 復習」の順に変えて必要感をもたせる

算数では，授業のはじめに教師が「前の時間には何を学習したの？」と問いかけ，復習として既習内容を子どもに言わせることがあります。この場面における子どもとのやりとりが形式的な復習であれば意味はなく，反対に次のようなデメリットがあると考えられます。

- 子どもが自ら「既習内容を確認したい」という機会がなくなる
- 復習することで，子どもから出される考えが制限される可能性がある
- 復習が入ると導入の時間が長くなり，子どもの学習意欲が低下する

本来であれば，教師がノートや教科書を開かせて振り返らせるのではなく，子ども自らが「前はどうだったのかなぁ？」と気になって，既習内容を振り返るようにならなければいけません。つまり，子どものなかに目的意識と必要感があるかどうかが重要です。

そこで，「復習 ➡ 問題」から「問題 ➡ 復習」に順番を変え，解決過程の必要な場面で復習を取り入れるようにします。その方が子どもにとっても目的意識や必要感のある復習になるはずです。例えば，次のように工夫しながら復習を位置付けることができます。

ⅰ）机間指導のなかで，子どもから質問があがったときに復習を行う

C：最頻値と中央値の違いは？➡T：ノートにまとめたと思うな…

本時の学習で活用する知識の意味を確認するために発問を行う

（必要に応じて教科書やノートを開かせ，既習内容を確認する）

ⅱ）宿題の解答を行うなかで，子どもの理解が曖昧なときに復習を行う

C：答えは合ってたけど…➡T：途中の計算の仕方は大丈夫かな？

自分の考えに自信がない子どもの理解を確認するために発問を行う

（必要に応じて挙手させながら，理解ができているか確認する）

❷授業は子どもの気付きや疑問の紹介からスタートする

授業の終わりに，教師側から次時の学習内容を予告することがあります。例えば，「次はたし算が終わったからひき算をやるよ」「面積の求め方がわかったから次は公式を習うよ」といった教師の説明です。また，学習指導案にも次時の予告が記載されることがあります。

教師から与える予告に，子どもの深い学びを実現するための明確な意図があるのであれば否定しません。しかし，形式的に行っている予告であれば，次のような不安があります。

・子どもが予告を聞くことの必要性を感じず，予告の内容が伝わらない
・予告によって，次時に子どもから出されると期待できる考えが消滅する

本時を終えて，新たな疑問や課題意識をもつのは子ども自身です。そのような気持ちは，自然な流れで子どもの言葉として引き出すようにします。

例えば，本時の振り返りとして学習感想を書かせると，予告に該当する内容をコメントする子どもがいます。次時には，その子どもの感想を紹介しながら授業につなげることができます。また，教科書には次時につながる｛?｝などのマークや吹き出しなどがあります。ここに目を向ける子どもがいますので，教科書を見せることで自然と次時の授業に結び付くと考えられます。

3

必要以上の見通しはいらない！

問題を提示した後に，全体で見通しをもつ場面が設定されることがあります。しかし，「見通し」の意味を正しく捉え「問題解決の授業」に適切に位置付けなければ，子どもの思考が狭まる可能性があると考えます。

❶個人思考の途中で見通しをもたせる

「見通しを立てる」とは，既習の学習内容をもとに課題を解決していくための方法や考え方を明らかにすることです。しかし，本時の課題を提示した後にすぐに見通しを立てることには，次のようなデメリットがあります。

・自分で課題を追究したいという目的意識や必要感が損なわれる
・どんな数学的な見方・考え方を働かせるべきかをはじめから与えている
・子どもが自ら目的をもって主体的に取り組む数学的活動になりきらない

解説書（2018）では，「問題に直面した際，事象を既習事項を基にしながら観察したり試行錯誤したりしながら結果や方法の見通しをもつことになる」とあります（p.25）。見通しを立てる活動は，解決方法や考え方を出し合いどれでやるかを選ぶといった集団カンニングではありません。まずは子どもが自分で考えないことには，本来の「見通しをもつ」ことの目的とは外れてしまいます。

私は，個人思考のなかで，子どもが自分なりに「見通しをもつ」ことが重要と考えています。例えば，教師が机間指導を行いながら指導を工夫することで，次のように見通しをもたせることができます。

ⅰ）困っている子どもの見方や考え方を取り上げる

☝考え方をどう変えるとよいかを共有することで見通しをもたせる

ⅱ）解決できた子どもを指名し，方法や活用する既習内容を紹介させる

☝どの見方で解決しているのかを共有することで見通しをもたせる

❷解決への見通しをもたせる発問をする

解説書（2018）では，算数における「数学的な見方・考え方」を，『「事象を数量や図形及びそれらの関係などに着目して捉え，根拠を基に筋道を立てて考え，統合的・発展的に考えること」』としています（p.7）。問題を提示した後に，漠然と「どうやってやったらいい？」と問いかけても，子どもが身に付けている数学的な見方や考え方を引き出すことは容易ではありません。そこで，考えるきっかけとなる教師側の「発問」が重要になります。

片桐（2017）は，見通しを立てる場面においては類推的，特殊化，記号化（数量化，図形化）が主に用いられる考え方としています（p.35）。例えば，子どもの思考が進まないとき，数学的な見方・考え方を引き出すために次のような発問を行うことが考えられます。

ⅰ）T：この問題と似たような問題を考えたことはなかったかな？

☝過去の類似した問題に着目させ，見方・考え方を想起させる発問

C：前はたし算でやったから似てるな，C：式の書き方も同じだよ！

ⅱ）T：例えば，１つ調べるとしたら，何から始めたらいいかな？

☝特殊な場合に着目させ，解決への手がかりを発見させる発問

C：順番に数えてみたらいい，C：じゃあ，表にすると書きやすいよ！

大久保他（1991）は，見通しをもたせるねらいを「問題を自力で解決する力をつけさせること」とし，結果や解決の方法を予想することと位置付けています（p.169）。このように，問題を解決するなかで子ども自らが考える場面を設け，見通しのもたせ方を学ばせることも大切な学習活動のひとつです。

4 どれくらい考えさせればよいのか？

子どもに考えさせることを重視しすぎて，学習内容が終わらなかったり目標達成に至らなかったりする授業を参観したことがあります。単に時間を与えるのではなく，考えさせるための方法を検討する必要があります。

❶途中でステップを入れるようにする

「考える時間」とは，問題や課題について個人やペア，グループなどで考えさせる時間を指します。「自力解決」と呼ぶこともあります。子どもが考える時間を確保することは必要ですが，一方で次のような不安があります。

・わからない子どもがいて，時間が過ぎるのを待つことになっていないか
・すぐに解決してしまい，暇そうにしていたり遊んだりすることはないか
・机間指導で個別に対応するあまり，他の子どもを放置していないか

算数は，解決に至らなかったとしても「考えること」に価値があります。そこで，指導においては右のように教師が途中でステップを入れて考えを促すようにします（相馬，1997，p.83）。

ア．考え方だけを紹介させる
イ．答えだけを確認する
ウ．困っていることを出させる

例えば，５年生の「四角形や三角形の面積」では台形の面積を学習します。子どもが解決に困っている場合は，アのように，考え方だけを紹介します。「分ける」「付け足す」などのキーワードを板書すると，既習の図形の面積に着目した子どもの手は進み始めるものです。

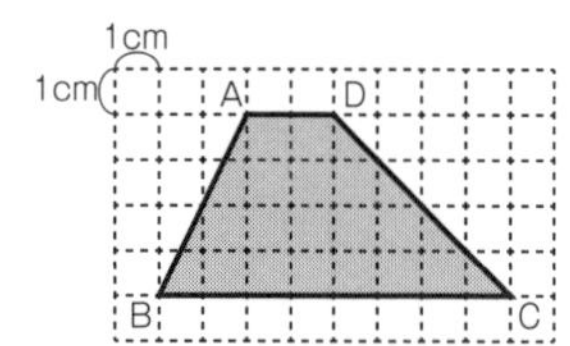

イのように，先に答えだけを問いかけ，「面積は20㎠になる」ことを確認します。近い答えになったり全く外れたりした子どもは，「どうして？」「おかしい…」という思いから，理由を明らかにしようと考え始めます。

ウのように，困ったことを正直に言わせるようにします。「公式が使えない…」との発言があれば，「どうしたら知っている公式が使えるだろうか？」と問い返しながら，分割したり補完したりすることに目を向けさせるようにします。

❷考えを比較・検討することを重視する

多様な見方や考え方を扱うことは素晴らしいことです。しかし，授業では，いろいろと出させたとしても，その後の扱い方に苦労する場合があります。

算数では，出し合った考えが正しいのかを検討し，それらの考えが変わっていく過程を大切にすることを欠いてはいけません。また，古藤（1990）は，右のように比較・検討する段階を３つのステップに分けて行うことに留意するよう示しています（p.36）。

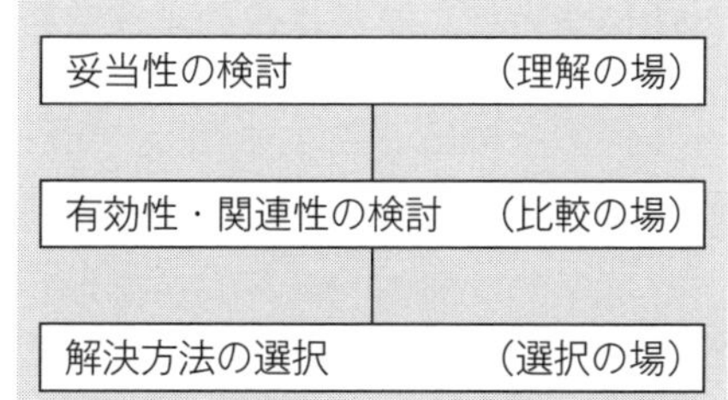

理解の場とは，論理的に筋道立っているかを検討することです。前の台形の面積であれば，補助線の引き方でまちがいが生じているときは，この場で修正することになります。

比較の場とは，その考えのよさや不十分さを指摘したり，お互いの考えの関連を検討したりすることです。例えば，図形の分割方法はどれがよいか，補完するよさやデメリットは何かなどの意見を出し合い，相手にうまく伝えるために思考させるようにします。

選択の場とは，最もよいと思う考えを自分なりに選択することです。例えば，十分な比較・検討が行われていれば，分割・補完のいずれの方法であっても，子どもから「三角形や平行四辺形をつくればよい」といったねらいに迫る発言が期待できるものです。

5 「速い・簡単・正確・どんなときでも」は万能なのか？

「はかせどん（速い・簡単・正確・どんなときでも）」でまとめる授業があります。「簡単（簡潔）」「どんなときでも（一般化）」は，数学的な考え方を養う上で使われますが，「速い」「正確」は使い方を検討する必要があります。

❶万能薬とはせずに有効な使い所で発問する

集団解決の終盤で「今日の『はかせどん』は？」と教師が問いかけると，子どもの思考は目標達成に向かっていくように感じられます。しかし，この発問について，私には次のような疑問があります。

- ・何のために「はかせどん」を確認する必要があるのか
- ・算数で「はかせどん」はいつでも使うことができるのか
- ・数学的な見方・考え方を働かせるのは誰なのか

細水（2023）は，「『は（速い）・か（簡単）・せ（正確）・どん（どんなときも）で見てごらん』と観点を指示してみさせることを型にしてしまっている姿が見られます。型は感動を失わせます。」と指摘しています（p.16）。算数の学力≒問題を解決する速さではありません。また，「型」にはめて学ばせることには反対です。全否定するわけではありませんが，万能薬とするのではなく，勘所を考えなければならないということです。

１つ目は，「速い」「正確」の使い方を再検討することです。数学的な見方・考え方を働かせた子どもであれば，「速いと正確さに欠ける」「正確にやれば時間がかかる」と考えるようになります。

例えば，５年生の「四角形や三角形の面積」では，およその面積を扱います。次のページの写真のような不定形の葉の面積を，方眼を使って求める授業です。ここでは一部がかかってる方眼を半分の面積に見立てて計算します。こうなると，「速い」と「正確」が両立することは難しくなります。

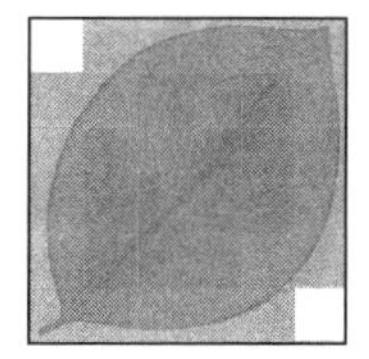
「小学算数５」，教育出版，令和６年度版より

２つ目は，「簡単」の意味が複数あることです。「ミスなく計算する簡単さ」「手順が明確な簡単さ」「大ざっぱに捉える簡単さ」など指導場面によって異なります。例えば，不定形の葉の問題では，大ざっぱに捉えることで簡単に面積が求められるよさがあります。これは，６年生の「身のまわりにある形」の概形を捉える学習にもつながる内容です。「簡単」の意味を共有していなければ目標達成には至りません。言葉の捉え方は算数の学び方に直結するため，教師側で区別しながら使用することが大切です。

❷話し合い活動の切り口として使わせる

子どもが「はかせどん」をつぶやくようになると，数学的な見方・考え方の育成に通じます。そのためには，話し合い活動を行う際に，こうした言葉を日常的に使いこなせるよう指導することです。

例えば，話し合いのときに使った言葉を教室内に掲示したり，ノートにメモさせたりしながら追記することができます。また，次のように言葉の意味が共有できたときは，まとめるようにします。そうすると，思考を深めることができる言葉が自然と積み重なっていくものです。

○ 簡単➡計算がミスなくできる
　　　➡手順がわかりやすい
　　　➡大ざっぱに考えられる
　　　➡見た目でわかりやすい
○ 速い➡工夫して計算する
　　　➡途中を省略できる
　　　➡時間がかからない

算数は「どんなときも（一般化）」まで追究できない領域や単元があります。直観的に思考することから始め，学年が上がるにつれて論理的に思考できるようになれば十分です。子ども同士の相互作用によって生じるつぶやき（はかせどん）を柔軟に取り上げ，「問題解決の授業」に有効に取り入れていくことを勧めます。

6 「個別最適な学び」「協働的な学び」は一斉指導で実現できない？

算数では，決して画一的な指導を促しているわけではありません。今も変わらず一斉指導のなかで個々の学びを深めることは大切です。そのなかで，「個別最適な学び」「協働的な学び」を手段としてうまく位置付けるようにします。

❶「個別最適な学び」を実現するための「学び方」を学ぶ

中央教育審議会答申（2021，以下，中教審答申）「『令和の日本型学校教育』の構築を目指して」には，次のような記載があります（p.19）。

> （前略）「個別最適な学び」と「協働的な学び」を一体的に充実し，「主体的・対話的で深い学び」の実現に向けた授業改善につなげていくことが必要である。

ここで気になるのは，「個別最適」は個人が尊重されますが，「協働的」といえば集団が尊重されるイメージが強いということです。算数では子どもの学びを成立させるために，両者を矛盾なく両立していくことが教科の特性を生かした学びにつながると考えます。

学力差や算数の好き嫌いが際立つと，個別学習の方が一人ひとりの興味・関心や進度に合った学習が実現できると考えがちです。しかし，指導目標を達成するためには学習形態の多様性が重要と考えます。特に，「個別学習をすれば個別最適な学びになる」という考えには注意が必要です。加固（2023）は，『一斉指導において，何度も問題解決学習の流れを全員で経験し，「算数とは，こうやって学んでいくんだ」と「学び方」を身につけさせて，はじめて子どもはできるようになる』と述べており（p.131），私もこの考えに大いに賛成できます。

「個別最適な学び」を実現するには，低学年から「一斉指導」を何度も繰り返すことで「算数の学び方」を知ることが重要です。学年が上がるにつれて，一斉指導のなかの学び方が多様化するようになるものです。例えば，単元のなかでは，次のように一斉指導の場面を意識するようにします。

ｉ）単元の前半 ➡ **一斉指導**を中心的に取り入れて新たな問いを発見させる

全体で数学的な見方・考え方を働かせて知識・技能を習得する

単元で鍵となる見方・考え方を共有しながら学び方を身に付ける

ⅱ）単元の後半 ➡ 個別で学習する場面のなかに**一斉指導**を細かく入れ込む

見方・考え方を働かせながら興味や関心に合わせて単元の学びを深める

いつでも全体に戻って問題解決の方法や内容を確認できる

❷指導の個別化は指導過程の多様性を目指す

「個別最適な学び」の具体には，次の２つの側面があります。

○ 子ども一人ひとりに基礎的・基本的な知識・技能等の確実な習得をさせるために，特性や学習進度などに応じて指導すること
[指導の個別化]

○ 子ども一人ひとりの興味・関心等に応じて，学習活動や学習課題に取り組む機会を提供すること [学習の個性化]

これらの側面は新しいことではなく，1960年代から提唱されています。「個に応じた指導」と言われ「生きる力」を育む上でも必要とされてきまし

た。私は，子どもの個々の学びが，子ども同士，多様な他者とつながることで，質の高い学びを生み出すと考えています。決して「**孤別**」にする時間を与えることが，学習者の視点から整理した概念につながるとは思えません。中教審答申が示す「個別最適な学び」と「協働的な学び」を一体的に充実することの意味を的確に捉えるように留意したいものです。例えば，学習の個性化については，次のような工夫が必要と考えます。

- ・教科書や資料を読んだり先生の話を聞いたりして疑問に思ったら，すぐに調べたり質問したりできるようにする。
（指導過程の工夫・学習の場の工夫）
- ・課題に対して自分で学習方法を決めたり，自分の方法でまとめて子ども同士で伝え合ったりできるようにする。
（学習形態の工夫・ICT の活用）

【Chapter 4　引用・参考文献】
・文部科学省（2018）．小学校学習指導要領解説（平成29年告示）算数編．日本文教出版．
・片桐重男（2017）．名著復刻　問題解決過程と発問分析．明治図書．
・大久保和義他（1991）．算数教育における見通しの研究（1）．北海道教育大学紀要，42（1）．167－180．
・相馬一彦（1997）．数学科「問題解決の授業」．明治図書．
・古藤怜（1990）．算数科　多様な考えの生かし方まとめ方．東洋館出版社．
・細水保宏（2023）．数学的な見方・考え方を働かせた算数の学びをいかに描くか（座談会）．新しい算数研究，No.627．６－27．東洋館出版社．
・中央教育審議会答申（2021）．「令和の日本型学校教育」の構築を目指して～全ての子供たちの可能性を引き出す，個別最適な学びと，協働的な学びの実現～（中教審第228号）．
・加固希支男（2023）．小学校算数 「個別最適な学び」と「協働的な学び」の一体的な充実．明治図書．
・小学算数５，令和６年度版．教育出版．

Chapter

5

授業改善のための
教材研究5

1 教師自身の教材研究を深める

❶前後のつながりを深く理解するために

算数は既習内容との系統が強い教科であり，単元内や単元外のつながりを意識しながら授業づくりを行うことが必要です。例えば，本時の授業を構想する上では，次のようなつながりを意識することが大切です。

ア．単元のなかで本時はどのような位置付けにあるのか
イ．既習内容（前単元・前学年・他領域）と関わることは何か
ウ．算数と中学校数学がどのように関連するのか

アは，最も重要であり，授業づくりの基本です。学習指導要領解説や教師用指導書を参照して，目標や指導内容，評価などを確認することができます。

イは，単元の枠を超えて，既習内容との関わりや関連する事項を把握することです。領域によっては指導内容が前学年の指導内容を拡張させて指導する場合がありますので，既習内容との関わりに着目する必要があります。

ウは，小学校から中学校にかけての算数・数学を体系的・系統的に捉える視点をもつことです。確かな学力を身に付けるためには，算数・数学が使われる場面や相互の関連を理解することが大切です。

❷本時の指導内容を明確にするために

指導内容の理解がなければ，目標を適切に設定することはできません。そこで，算数の系統を確認することで，指導することがらを明確化させます。例えば，５年生の「合同と三角形，四角形」では，多角形の内角の和を求め

る学習があります。次のような問題を提示することが考えられます。

【問題】

五角形の角の大きさの和は，何度になるでしょうか。

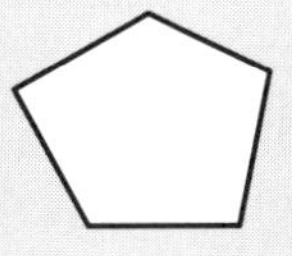

授業では，「角の和をどう求めればよいのか？」が課題となり，具体的にいくつかの多角形で調べる活動が行われます。実は，この指導内容は中学校第２学年でも扱うことになります。算数と数学での指導内容の違いを確認すると，学習指導要領解説（平成29年告示）［算数編／数学編］には次のような指導上の配慮事項が示されています（p.249，pp.253－254／pp.109－111）。

［小学校第５学年の内容］
- 幾つかの具体的な例に共通する一般的な事柄を見いだす
- 筋道を立てて考えることに興味をもたせる
- 中学校第２学年で更に深める

［中学校第２学年の内容］
- 多角形を分割することでその結果を見いだせるということを知る
- 多角形の内角の和をｎを用いた式で一般的に表す
- 図形の性質を演繹的に確かめる

小学校では表を用いて具体例から角の和を類推することで，一般的な求め方を考察します。一方，中学校では図や式を用いた演繹的な説明が中心となります。このように，校種が異なったとしても指導内容に関連があることに気付くことができます。また，系統を比較することで，算数の指導内容としてどこまで扱うべきなのか一層明確になると考えられます。

❸予想外の子どもの反応に適切に対応するために

問題を解かせたり発表させたりすると，予想していなかった考えに出会うことがあります。算数・数学の系統や指導内容を確認しておくことで，子どもの予想される反応に対して，適切に対応できるようになると考えます。

例えば，６年生の「文字を使った式」では，文字を用いて数量の関係を式で表す学習が行われます。ここでは，次の問題を提示して，式の意味を読み取り，数量の関係を正しく表した式を見つける授業が進められます。

【問題】

周りの長さが20cm の長方形があります。

縦の長さを acm，横の長さを bcm とするとき，関係を表した式で正しいものはありますか。

① a＋b＝20

② a×b＝20

答えを予想させると，①に挙手する子どもがいます。授業のなかで説明を加えても，「a ＋ b ＝20」を正しいと思い込んでいる子どもが一定数いて，予想外の反応に戸惑い，教師が何度も説明しがちな授業場面です。

この単元における文字の扱いについて，解説書（2018）では「文字を用いて式に表したり，文字に数を当てはめて調べたりすること」ができるように指導することが示されています（p.289）。一方で，完成した式を見ながら式の意味を読み取る学習は，あまり扱われていません。

算数教育指導用語辞典（2018）を参照すると，「文字の一般的なはたらきや文字を用いることのよさ」が強調されています（pp.297－298）。前の問題例であれば，文字に数を代入して計算することでまちがいに気付かせたり，20cm の針金を折って長方形を作って考えさせたりすることで，誤答を生かした授業を行うことができます。

❹系統を確認するために

指導する単元に関連する系統を確認するために，私は次のⅰ）～ⅲ)を通して本時の授業の位置付けをつかむようにしました。

ⅰ）単元指導計画や教師用指導書で，本時の位置付けを明らかにする
ⅱ）算数・数学内容系統一覧表から，関連する指導内容を把握する
ⅲ）学習指導要領解説や参考図書などで系統を確認する

ⅰ)は，指導内容を確認することです。まずは，単元指導計画や教師用指導書から本時の位置付けを明らかにします。特に，単元の１時間目は単元構想が重要ですので，見通しをもって授業づくりを行うように工夫します。

ⅱ)は，単元間や領域間との関わりを把握することです。例えば，教科書会社のホームページには，内容系統一覧表が示されています。教材研究のひとつとして参照することで，関連する事項を適切におさえることができます。

ⅲ)は，本時の目標や課題，具体的な展開を考えるときに系統を確認することです。特に，私は最初に提示する「問題」を考える際に，既習内容を踏まえることを意識しました。特に学習指導要領解説は，系統を確認することに加えて，学習指導案作成に役立てることができると考えます。

❺系統を確認する際に参考にしたい書籍等

教材研究として系統をつかむためには，教科書や書籍，研究会等の資料等を活用して，本時の授業の位置付けを明らかにすることです。ここでは，私が主に活用してきた資料や書籍等を３点紹介します。

【学習指導要領解説－算数編・数学編－】

算数科の内容構成が図で示されていたり，移行措置内容が注意書きとともに記載されていたりします。総則編も用意しておくと，研究授業での学習指導案作成や校内研修等の学習会でも活用することができます。

【教科書の教師用指導書】

各学校には教師用指導書が常備されています。ここには指導計画のモデルや授業の流れ等が細かに記載されています。本時の位置付けが不明確なときに参考となる授業例が記載されているので，幅広く活用することができます。

【他学年の教科書や他社の教科書】

学習内容や授業の進め方などに迷いが生じたときには，他学年の教科書を参考にすることも有効です。また，当該校の教科書以外に他社の教科書を複数見比べることは，教師自身が本時の学習内容をより深める機会となります。

2
教科書を活用しながら授業を構想する

❶教師自身の教材研究のために

「よい授業」を行うためには，教材研究を深めなければなりません。そのひとつの例として，教科書をもとに授業づくりを検討することがあげられます。私は次の２つの理由から，授業準備や教材研究として教科書を活用するようにしてきました。

・指導内容に対する理解を深め，系統を確認するため
・「よい問題」を考え，授業準備を計画的に行うため

例えば，５年生の「単位量あたりの大きさ」は，多くの子どもが難しいと感じている単元です。それは，異種の２量を比較することが難しい上に，その必要性を理解することに時間を要するからです。また，山下（2018）は，割合の理解に関する課題を「その内容が第５学年で学習する一つの個別の知識として指導されていることに問題がある」と指摘しています（p.6)。

まずは，教師自身が同種の２量の割合（円周率など）と異種の２量の割合（速さ，密度など）について，教材研究を通して理解することが必要です。例えば，算数教育指導用語辞典（2018）を参照すると，割合の素地となる指導が１年生から行われることが示されています（pp.312－317)。それをもとに前の学年の教科書を参照することで，系統を確認しながら指導内容を検討することができます。

このような点から教科書を見ると，「何を教えるべきか」が明確となり，割合の指導で必要となる「よい問題」の検討や授業準備を計画的に行うことにつながると考えられます。

❷学習指導案を作成するために

教科書は子どもにとって身近であり，学習の拠り所となるものです。そこで，学習指導案の作成には，教科書を次のように活用することを勧めます。

・教科書の導入場面と本時の授業で提示する問題を関連付ける
・主な発問や取り入れる数学的活動の例示を参考にする

教科書には問題が配列されています。問題をアレンジして提示した際には，「教科書の問題との違い」を子どもとともに確認するようにします。

例えば，４年生の「小数と整数のかけ算，わり算」では，あまりのあるわり算を学習します。テープを分ける次の問題を提示することができます。

【問題】
長さが8.5cm のテープがあります。このテープを３cm ずつ切ると，何本できるでしょうか。

```
   2
3)8.5
  6
  2 5
```

前時までには割り進むわり算を扱っていますので，子どもは何も考えずに割りきれるまで計算しようとします。しかし，問題文から商は一の位まででよいことに気付く子どもがいるはずです。あまりの扱いについて教科書には，子どもの問いを想定した次の吹き出しと発問例が書かれています。

(吹き出し)：あまりは25としていいのかな
(吹き出し)：25だとわる数より大きいから…
(発問例)　：25は，何が25個あることを表していますか

学習指導案の作成には，教科書を活用することが授業づくりの手がかりとなります。教科書を活用しながら主な発問を考えたり，扱う練習問題などを検討したりすることで，継続して授業改善に取り組むようにしたいものです。

❸学習材として教科書を活用する

教科書は子どもが使用する「主な学習材」です。そこで，「問題解決の授業」における教科書の活用として，次の２点を重視するようにします。

ⅰ）授業の有効な場面で，必要に応じて教科書を活用する
ⅱ）本時の学習内容と教科書との関連を明らかにする

ⅰ)は，個人思考で手がつかない子どもへの対応として教科書を活用することです。子どもには，問題の解決方法がわからないときは教科書を頼りにするよう伝えておきます。「**答えが載っているから開かせない**」から「**解決方法を知るために開かせる**」に転換することが必要です。

例えば，３年生の「重さ」では，重さや長さ，水のかさについて，これまで学習してきた単位を整理する学習が行われます。本時では，既習となる単位を覚えていなければ，単位に共通する「k」「m」などの接頭語に着目しながら大きさの関係を明らかにすることは難しいものです。

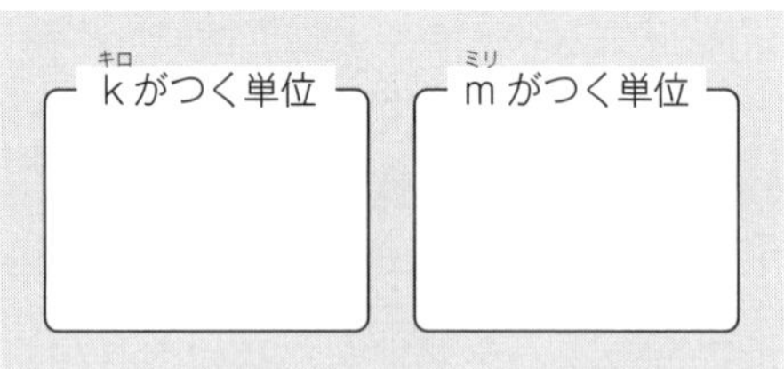

そこで，右のような教科書のページを見つけさせ，どんな量の単位を学習したのかを想起させたり，表を用いると単位が整理できそうなことに気付かせたりします。こうして，子どもが自ら教科書をもとに個人思考することは，必要感のある数学的活動につながると考えられます。

ⅱ)は，板書とノートと教科書を関連付けるために，「どこを学習したのか」「教科書ではどう書いているのか」「取り上げた考え方は載っているか」などを確認することです。特に，教科書にはない考え方で解決した際には，学級の財産になり大いに盛り上がるものです。このように教科書を活用する授業を継続することで，子どもが一人で学習を振り返る際にも教科書を開くようになり，日常的に教科書を活用できるように変わると期待できます。

❹はじめに教科書比較から

教科書には，授業づくりのための教材や工夫が豊富にあります。私は，次の２点を主な目的として，教科書比較をもとに教材研究を行っていました。

ア．新たな問題を考えたり問題を工夫・改善したりするため
イ．問題の解決方法や多様な考えの扱い方を見比べるため

アは，教科書の図や数値を比較しながら「問題」を考えることです。目標を達成するための問題を考え，子どもの実態に応じた授業づくりを行うことにつながります。イは，問題の解決方法を比較するために教科書を比較することです。同じ指導内容であっても，教科書によって考え方の説明の仕方に違いがあったり，扱っている分量に違いがあったりします。

例えば，６年生の「円の面積」では，円の面積を詳しく調べる学習を行います。ここで教科書を参照すると，方眼を数えることで円の$\frac{1}{4}$の面積を求める学習活動が全社で示されています。一方で，次のような方法で見当をつけながら面積を求めることも掲載している教科書があります。

・内接する正八角形や正十六角形の面積を求める
・円周が通っている方眼を0.5㎠とみて面積を求める

面積を近似させてどこまで扱うのかは，子どもの実態や本時の目標と関わります。教科書比較を取り入れながら，どの方法で求めさせるのかを教師側でイメージしながら，子どもの学習活動を充実させるように工夫します。

私は考え方を紹介するときに，他社の教科書を見せるようにしました。算数・数学を苦手とする子どもは，実物を見たりする方が問題解決へのイメージをもつことができたりします。なお，教科書比較といっても必ずしも６社を比較する必要はありません。単元の配列や指導内容の違いから参考になる点は多くあるので，少なくとも他の１社の教科書を用意したいものです。

3 過去の授業例や実践研究を参考にする

❶過去の学習指導案や授業記録を活用する

私は，教師自身の教材研究に生かすために，「**ア．過去に作成した学習指導案を振り返る**」，「**イ．過去に作成した授業記録を見直す**」ことに継続して取り組んできました。これら２点は，授業づくりに大いに役立ちます。

ア．過去に作成した学習指導案を振り返る

校内研修や公開研究会で準備した学習指導案は，何度も検討されたものです。こうした過去の実践を振り返り，よりよい指導案に修正することで，格段とよい授業に改善することができると考えます。

例えば，１年生の「たしざん」では，１位数＋１位数で繰り上がりのある加法を学習します。過去に旭川市教育研究会算数部会で研究授業を参観したことがあり，研究協議では次のような意見が先生方から出されました。

・「10のまとまりをつくる」ことのよさをどう伝えるのか。
・問題設定はよかったが，練習問題は変えた方がよいのではないか。
・ブロックや図を用いて思考を見とるときには何をすれば有効なのか。

参観者の意見や助言等から授業を振り返ることで，他の学級や次年度以降の授業で活用することができるようになります。また，こうして過去の指導案を振り返ることは，教師自身の教材研究にも結び付きます。最初から作り上げることは難しい上に時間がかかりますので，既存の指導案をリニューアルしながらいつでも使えるようにすることを勧めます。

イ．過去に作成した授業記録を見直す

授業後の反省メモや授業映像などのデータは，授業を見直すきっかけとして活用できます。私は，次の視点から授業を振り返るようにしていました。

① 提示した問題の図の向きや数値などを改善した方がよいか
② 本時の課題や主な発問を変更し，板書の仕方を修正するべきか
③ 取り上げた考え方や練習問題の内容及び宿題は妥当だったか

例えば，中学校第３学年の「２次方程式」では平方完成を学習します。指導内容が難しいことから，担当学年になる度に改善するようにしました。

次の図は，①の視点（問題の検討）を示したものです。ここからは生徒の実態や本時の目標に応じて，問題文や与える式を改善していることがわかります。また，最初から式変形を求めるのではなく，どのように式が変形されているのかに着目できるように，「求答タイプの決定問題」に変更していることが読み取れます。その結果，生徒は直観的な予想をもとにしながら，式の変形に挑戦するように変わりました。

授業映像や反省メモをもとに振り返りながら，本時の目標，問題の是非，発問の検討，定着の行い方などを見直し，修正箇所には赤入れなどすることで，次の授業以降に生かすことができると考えます。

次の２次方程式の解を求めなさい。
$$x^2+8x+16=7$$

↓
・全員が考えることができるだろうか
・問題から課題が見えにくいのでは
・予想を取り入れた方がいいな

次の２次方程式の解はない。正しいか？
$$x^2+8x+10=0$$

↓
・解の有無だけでいいのかな…
・既習内容とのつながりがない
・解決の糸口が見えるようにしたい

次の○，△，□にはどんな数が入るだろうか。

$$x^2+6x=5$$
$$x^2+6x+○=5+○$$
$$(x+△)^2=□$$

❷書籍を参考にする

算数の実践例や学習指導案綴りなど，数多くの書籍が発刊されています。これらを参考にすることで，比較的簡単に「よい授業」に辿り着くことができそうです。私も多くの書籍から実践例を見つけ出し，自分なりに工夫・改善しながら授業づくりを行うようにしました。

一方で，教育実習を終えた学生や若手の先生方からは，書籍を活用した授業づくりについて，次のような声を耳にすることがあります。

- 同じ問題を提示しても課題までの流れがうまくいかない。
- 紹介されているような多様な考えが子どもから出てこない。
- 意図した流れにならず最後まで授業を終えることができない。

書籍で紹介されている実践例は，紙面の都合で内容が簡略化されたり，授業の一部分だけを紹介したりしている場合が少なくありません。そこで大切なことは，紙面に書かれている実践例の行間を読み取り，適切に授業を構想することができるようになることです。例えば，次のように検討しながら授業づくりを行うようにします（相馬・谷地元，2020，p.65）。

ｉ）問題の提示方法はどのように行ったらよいのか［問題の提示方法］
ⅱ）課題をつかむきっかけとなる発問は何を入れればよいのか［主な発問］
ⅲ）本時の目標を達成するために取り上げたい考え方はどれか［考え方］
ⅳ）確認や定着として教科書をどのように扱えばよいのか［確認，定着］

ｉ)～ⅳ)を検討する際には，前節で示した教科書を活用しながら，指導内容にズレが生じないように確認します。特に，ｉ)とⅱ)では，問題から課題までの流れを途切れさせないように注意することです。また，主な発問は指導案に具体的に記載するようにし，授業では板書するようにします。ⅲ)についてはChapter 4 第1節（p.118）で示した通り，子どもの考え方の取り上げ方とまとめ方に留意しながら授業を構想するようにします。

なお，教師用指導書には「板書編」を入れている教科書会社があります。予想される子どもの反応例が示されていますので，板書計画を作成する際に活用したいものです。

❸インターネットサイトの実践研究や学会の研究会資料を参考にする

最近では，実践例や学習指導案などが掲載されているインターネットサイトがあります。なかには，そのまま学習指導案が掲載されていたり，板書計画や授業の流れ，学習プリントなどが紹介されたりしているので，授業づくりに役立てることができます。

近年では，インターネット上で授業について議論するサイトがあります。これらに参加して教材研究を深めたり，授業づくりのヒントを得たりすることができます。なお，教材研究をより深めたり数学教育に関する理論研究を行ったりするためには，次のようなサイトから検索を行うことが可能です。

・J-STAGE（https://www.jstage.jst.go.jp/browse/-char/ja/）
・CiNii Research（https://cir.nii.ac.jp/）
・Google Scholar（https://scholar.google.jp/）

日本数学教育学会が主催する全国算数・数学教育研究大会が毎年８月に行われており，その分科会では授業実践の報告や教材研究に関わる発表が多くあります。この研究会に参加できなくても大会特集号を読むことで，授業づくりのヒントを得ることができます。

各大学の附属小・中学校では毎年研究会を開催しており，研究紀要や学習指導案綴りが配付されています。また，都道府県規模の研究会も行われていますので，様々な指導案を手にすることができます。それらの指導案は，教材研究がなされていたり何度も検討を重ねたりして実践された成果ですので，この指導案を参考にして授業づくりを行うことも可能です。

4 子どもの反応から授業を振り返る

❶板書計画と授業後の板書で振り返る

授業づくりでは板書計画を作成し，授業後の板書と比較することが授業改善に効果的です。最近では手軽に板書を撮影することができますので，授業記録として保存することを勧めます。私は，次の理由から研究授業の学習指導案には板書計画を入れ込むようにしました。

・学習指導案で計画した授業を板書で再現するため
・学習内容（図や式，考え方など）を可視化するため
・考える場面を焦点化し，数学的活動を充実するため

問題や課題，主な発問などは，意図的に板書しなければ子どものノートに残ることはなく，授業の意図が伝わらない恐れがあります。また，算数の教科性から，図や式，表やグラフなどの数学表現を視覚的に示さないと，深く考える舞台に導くことが難しいこともあります。例えば，板書する位置や大きさ，チョークの色なども子どもの理解に影響するものです。

私は，板書の記録が授業づくりに役立つ理由を次の２点と考えています。

・学習指導案で計画したことと実際の授業との違いを比較できる
・板書の記録を蓄積することで学習指導案の作成に活用できる

指導案や板書計画を作成しても，予定通りに進めることができなかったり，予想外の子どもの反応で授業の流れが変わったりするものです。そこで，板書の記録をもとに次の授業の改善ポイントを整理するようにします。

例えば，５年生の「合同と三角形，四角形」では，四角形の４つの角の和

が360°であることを学習します。私は，大学の模擬授業で，授業①のような問題を提示したことがあります。しかし学生からは，「四角形をかいて実測することで精一杯」「一般化させる必要性に欠ける」との反省がありました。

［授業①の問題］

四角形の４つの角の大きさには，どんなきまりがありますか。

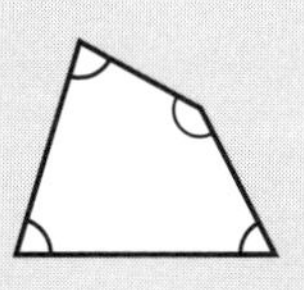

［授業②の問題］

アの長方形を切ってイを作りました。

４つの角の和が大きいのはどちらですか。

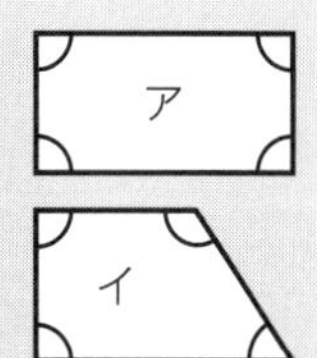

板書の記録をもとに改善した授業②は，もとの長方形を切ってできる四角形と比較する図に修正し，「どちらの角の和が大きいか？」を問う問題にしました。それを他の模擬授業で行うと，「切った方は角の和が小さくなると予想するのではないか」「角の和の大小を考える必要性が高まった」などの反省がありました。例えば，このようにして板書を蓄積しておくことで授業を修正したり，他の学級や次年度の授業に生かしたりするようにします。

❷子どものノートから改善点を見つける

板書は，指導案の内容を書き写すだけではありません。子どもの意見を板書して可視化したり，お互いの考えを整理したりする役割があります。また，子どもが学んだことがらを目に見える形で残すものが板書であり，授業を通して最後には子どものノートに反映されるものです。当然，次の図のように授業づくりにも生かすことができます。

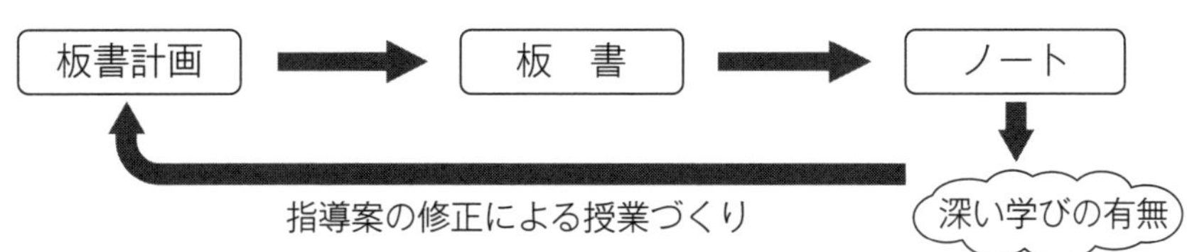

私は子どものノートから「深い学び」であったかを考えるきっかけを得るようにしました。ノートの内容を見ると子どもの学びの質は一目瞭然です。

ノートから改善点を見つけるには，予め子どもとの間に次のような約束をしておくと把握しやすくなります。例示したように印やコメントをノートに残させることで，授業のどこを改善すべきかつかむことができます。

☆理解の状況を記号やマークで記入する
- どこまでわかったかを◎，○，△，×の記号や言葉で表す
- □（checkbox）を横に書かせ，理解したら✓（checkmark）を入れる

☆疑問や感想などを言葉にして記述する
- 「なぜ？」「どうして？」といった疑問をコメントする
- 「すごい！」「簡単！」などの気持ちを書き残す

❸映像から授業を客観的に振り返る

私は研究授業や普段の授業を撮影することで，定期的に自分の授業を振り返るようにしました。指導案を書くことの他に，年に数回は授業映像から客観的に見直すことを勧めます。映像で授業を振り返ることは，板書の記録と比べて，次のような点を細かく確認することができます。

- 指導案や板書にはない教師の細かな発問や指示が妥当かどうか
- 指導案の留意点で示した内容が実際に行われているか
- 授業では気が付かなかった子どもの反応や活動がなかったか

若い頃，授業で私が話している時間を計測したことがあります。中学校第２学年の「三角形と四角形」で，三角形の合同条件を使って証明をかく学習です。映像からは私の発問や指示が多すぎて，生徒が主体的に学ぶチャンスを欠いていたことに気付かされました。また，指導案で留意点を示しても実

際には予定通りに指導できず，評価の仕方も甘いと感じられる授業でした。

授業映像を振り返ることから，「証明のかかせ方」「発表のさせ方」の２点を留意点に追加して他のクラスの授業に臨みました。すると，生徒は証明のつながりを意識しながら説明するようになり，教師が繰り返し説明することや生徒が証明をかき写すことも減り，時間短縮にもつながりました。

映像のよさは，子どもの声が直接伝わることです。授業記録や板書の記録よりも子どもの反応が見えますので，目標の達成状況も明らかになります。例えば，次のような子どもの様子を映像から見つけたいものです。

- どの子どもがいつ挙手したり発言したりしていたのか
- 教師が見落としていた課題の解決につながる発言はなかったか
- 教師と子どものやりとりや子ども同士のやりとりは適切であったか

授業を撮影するときには，黒板だけではなく後方からなるべく教室全体が映るようにします。さらに，前方から顔が見えるように撮影すると効果的です。子どもが画面に入ることで，指導案との比較や板書との比較ができますので，授業改善のポイントを整理することにつながりやすくなります。

授業映像は授業改善の他にも，授業で活用することができます。私は，生徒の考えを広げるために，他の学級の生徒の発表をモニターに映したことがあります。例えば，本時の目標に迫るための考え方を教師が紹介するのは，驚きや喜びに欠けるものです。実際に他のクラスの生徒が説明している映像を見せると，新しい考え方に驚いた表情が見られる上に，説明の仕方に納得する姿があるものです。

斬新なアイディアや数学的に面白い発想などは，教師が紹介するより子どもが説明した方が理解されやすい場合があります。これらはICTを活用した授業づくりのひとつの方法とも考えられます。

5 授業改善のために教材研究を行う

❶日常の授業で授業改善を意識する

私は，初任の頃から同じ学校や他校の数学科教員の授業を参観したことが，数学の授業改善に結び付いた要因と考えています。

最も大きかったのは，北海道教育大学附属旭川中学校に勤務したときに数学科教員と議論したことです。授業の合間には，問題や問題提示の方法，考えの取り上げ方やまとめ方，発問や板書などについて話し，自分との違いを感じ取り新たな発見をするきっかけにしました。特に，次のような目的で授業を見てもらうことがありました。

- ○ 特定の子どもの取り組みを見てほしいとき
- ○ 自分で初めて考えた問題で授業をするとき
- ○ 複数の指導案を考えていて迷っているとき
- ○ 授業がうまくいかない原因を知りたいとき

小学校教員は，授業参観の時間をとることは難しいかもしれません。しかし，専科に変わりつつある今こそ，そうした状況をつくり出したいと考えます。例えば，課題提示までに不安がある場合は，開始10分間を見てもらうだけでも十分です。うまくやりくりをして環境を整えたいものです。

なお，教材研究を十分に行ったとしても「よい授業」ができるとは限りません。むしろ反省点や改善点の方が多いので，「なぜ失敗したのか」「考えられる手立ては何か」を考え，その結果に至る過程を残すようにします。

私は大学の授業でも反省メモを継続しています。指導案には，学生の反応や進め方の失敗点，次にやってみたいことなどを残すようにしています。

❷他教科の授業からもきっかけを得る

私が担任をしていた頃，空き時間に他教科の授業を参観するように心がけました。教科や指導者が変わると数学とは違った進め方や生徒の反応があり，学ぶことが多くあります。特に，体育を参観したときは，学び方の違いや展開の工夫などが参考になり，真似をして数学でも取り入れたことがありました。小学校は一人の教員が多くの教科を指導しますので，子どもの様子が刻々と変わることに気付くことがあると考えます。例えば，他教科では，次ような視点を学ぶことができます。

［国　語］…文と文のつながりや文章構成を論理的に考えること
［社　会］…事象を多面的・多角的に捉えて試行錯誤すること
［理　科］…計画を立てて実験を行い，予想と結果を比較・検討すること
［外国語］…必要な語彙を用いて，お互いに伝え合うこと

他教科の授業では，「子どもはどこで主体的に学んでいるのか」「どこに対話の必要性があるのか」など，学習活動の違いに着目するようにします。また，実技教科では知識や技能はもとより，子どもの思考力，判断力，表現力等の違いを見つけることができます。もし算数との相違点や共通点があれば，積極的に授業改善に生かすようにしたいものです。

❸授業改善につながる研究会に参加する

授業実践をもとに授業改善を行うことは，小学校も当たり前になっています。日本では校内研修や研究授業会などがあり，年に何度も参加する機会があります。これは，日本特有の素晴らしい教育文化です。一方で，学校外（勤務時間外）の研修会に参加し，お互いの授業実践から学ぶ機会はそれほど多くないかもしれません。

旭川市には，算数教育に関わる教員が参加している『算数を学ぶ会（発足20年目，ホームページ参照）』があります。年に5，6回ほど，会場校に集

まり，授業実践をもとにした次のような研究が進められています。

・授業実践の記録や指導案を持ち寄り，他の先生から意見をもらう。
・日頃の悩みや疑問を出し合って，解決策を話し合う。
・講師を招いて，算数の専門的な知識や指導法を身に付ける。
・事前に指導案検討を行い，会員が研究授業・研究協議を行う。

会員の授業実践に基づいた検討が行われますので，お互いに学ぶことが多くあります。「自分ならこうしたい」「真似してやってみよう」といった思いから，授業改善につながる機会を得ることができます。

近年，教員の多忙化や働き方改革の影響から，自主的な研究団体に参加する教員が少なくなっていると聞くことがあります。それには様々な理由がありますが，算数の授業改善を一層進めるためにはこうした研究会にも積極的に参加したいものです。

❹他の先生と授業比較を行う

１学年１クラスしかない学校や複式学級では，他の先生と授業比較はできません。しかし，次のような方法を用いることで，授業比較を行うことができます（相馬・谷地元，2020，p.117）。

ア．他の先生の授業を参観して自分の授業と比較する
イ．同じ指導案での授業を他の学校でもやってもらい比較する
ウ．同じ内容について異なる指導案で授業をして比較する

アは，参観する目的を明確にすることで，日常的に実践できます。例えば，問題や課題の提示，発問の仕方，考えの取り上げ方など，比較したいことが

らを焦点化した方が授業改善に結び付きます。

次に，イとウは頻繁に行うことはできませんが，他校の先生にお願いして授業をしていただくことです。指導案を共有することで，それほどの負担感なく授業比較ができます。

それぞれの授業を持ち寄り比較・検討することで，自分だけでは気付かなかった発見があったり，授業改善のヒントを得たりする機会になります。なお，実際に参観できなくとも，データでやりとりすることで授業比較を行うことができます。また，オンラインやSNS等を利用して，お互いの時間を確保しながら授業比較を行う方法も効果的と考えます。

最後に，「よい授業」ができるかどうかは，「授業準備」によると考えます。「授業準備」とは，単元指導計画を構想したり，本時の授業の流れを計画したりすることです。特に，算数では目標，問題，課題，そして主な発問や予想させる子どもの反応を明らかにしておくと，授業は格段とよくなります。短時間でもかまいませんので「授業準備」をしっかり行い，子どもと一緒に算数をつくり上げるようにしたいものです。

【Chapter 5　引用・参考文献】

・文部科学省（2018）．小学校学習指導要領解説（平成29年告示）算数編．日本文教出版．

・文部科学省（2018）．中学校学習指導要領解説（平成29年告示）数学編．日本文教出版．

・日本数学教育学会 編著（2018）．算数教育指導用語辞典［第五判］．教育出版．

・山下英俊 編者，算数教育研究チーム「ベクトル」著（2018）．子どもが「なるほど！」「そうか！」と納得する！「割合」指導の３つの方略．東洋館出版社．

・相馬一彦・谷地元直樹（2020）．「問題解決の授業」を日常化する！中学校数学科の授業改善．明治図書．

・算数を学ぶ会．https://sites.google.com/view/manabukai/

【著者紹介】

谷地元　直樹（やちもと　なおき）

1973年生まれ，旭川市立広陵中学校，当麻町立当麻中学校，剣淵町立剣淵中学校，北海道教育大学附属旭川中学校，旭川市立永山南中学校教諭，北海道教育大学准教授（旭川校）を経て，現在，北海道教育大学教授。

主な著書に，『「問題解決の授業」を日常化する！中学校数学科の授業改善』明治図書（2020），『単元指導計画＆略案でつくる中学校数学科「問題解決の授業」』明治図書（2021），『新３観点対応！中学校数学科「問題解決の授業」のテスト問題＆学習評価アイデアブック』明治図書（2022），などがある。中学校数学教科書（教育出版）編集・執筆者。

子どもが主体的に考える！
はじめての算数科「問題解決の授業」

2024年２月初版第１刷刊　©著　者　谷　地　元　　直　　樹

発行者　藤　　原　　光　　政

発行所　明治図書出版株式会社

http://www.meijitosho.co.jp

（企画）木山麻衣子（校正）有海有理

〒114-0023　東京都北区滝野川7-46-1

振替00160-5-151318　電話03(5907)6702

ご注文窓口　電話03(5907)6668

＊検印省略　　組版所　日本ハイコム株式会社

Printed in Japan　　ISBN978-4-18-331824-4